MAXIMILIAN OEHL

Brand New Bundestag

GOLDMANN

Maximilian Oehl

brand new bundestag

So bringen wir frischen Wind in die verstaubten Parlamente

GOLDMANN

MIX
Papier | Fördert gute Waldnutzung
FSC® C014496

Penguin Random House Verlagsgruppe FSC® N001967

1. Auflage
Originalausgabe Oktober 2025

in der Penguin Random House Verlagsgruppe GmbH,
Neumarkter Straße 28, 81673 München
produktsicherheit@penguinrandomhouse.de
(Vorstehende Angaben sind zugleich
Pflichtinformationen nach GPSR.)

Redaktion: Antje Steinhäuser
Umschlag: Uno Werbeagentur, München
Coverfoto: Maximilian Gödecke Photography
Satz: Satzwerk Huber, Germering
Druck und Bindung: GGP Media GmbH, Pößneck
Printed in Germany
JS · CB
ISBN 978-3-442-32000-4

www.goldmann-verlag.de

Inhalt

Prolog

Jahrelang haben wir auf diesen Abend hingearbeitet. Ich steige auf mein Fahrrad und radle von Berlin-Friedrichshain hinein in das politische Zentrum der Republik, nach Mitte. Angekommen in einer kleinen holzvertäfelten Souterrain-Bar, die österreichische Weine und Spinatknödel zu bieten hat, begrüße ich meine Kolleg*innen. Ich bin aufgeregt. Die Anspannung von allen ist zu spüren. Wenig später heiße ich in dem kleinen Raum über 30 Bundestagsabgeordnete unterschiedlicher Parteien willkommen, die meisten von ihnen frisch zum ersten Mal in dieses Amt gewählt. Es ist einer der ersten Abende im politischen Berlin, an dem sie überhaupt zusammenkommen. Darunter sind spätere Parteivorsitzende und Regierungsmitglieder. Warum macht Ihr eigentlich Politik? Und was wollt Ihr in dieser Wahlperiode erreichen? Diese Fragen diskutieren wir in der Runde, der Abend wird lang, später kommen noch deutschlandweit bekannte Aktivist*innen, Autor*innen und Künstler*innen dazu.

Szenenwechsel. Wenige Wochen zuvor, am 27. September 2021 schrecke ich aus meinem Bett auf. Es ist 5:31 Uhr, mein Handy klingelt. Dran ist Kassem Taher Saleh aus Dresden. Er klingt euphorisch, seiner Stimme ist jedoch auch eine tiefe Erschöpfung anzuhören. »Digga, ich bin drin.«

Wo drin? Im Deutschen Bundestag. Wieso Kassem gerade mich in diesen frühen Morgenstunden anruft? Weil ich ihm, zusammen mit gut 250 Ehrenamtlichen, dabei geholfen habe, einer der 736 Abgeordneten zu werden.

Moment, was? Ja, Ende 2019 hatte ich mit zwei Freund*innen eine Organisation mit dem Namen Brand New Bundestag (BNB) zu genau diesem Zweck gegründet. Auch diese Geschichte begann – in meinem Bett.

Springen wir gut zwei Jahre zurück. An einem Freitagvormittag im Mai 2019 liege ich in besagtem Bett und netflixe. Die Doku zieht mich in ihren Bann: Es ist *Knock Down the House (Frischer Wind im Kongress)*, Protagonistin ist Alexandria Ocasio-Cortez, inzwischen weltweit bekannt als Ikone der amerikanischen Progressiven unter ihren Initialen »AOC«.

Der Film porträtiert die Aufstiegsgeschichte einer jungen, damals 28-jährigen Latina aus der Bronx, die gerade noch als Barkeeperin hinter dem Tresen einer New Yorker Cocktail-Bar auf ordentliches Trinkgeld hoffte und plötzlich, wenige Wochen später, im Juni 2018, eben dort zur Kandidatin der US-Demokraten für das Abgeordnetenhaus wird – nachdem sie im innerparteilichen Wettbewerb völlig überraschend den damals 56-jährigen »big shot« Joseph Crowley geschlagen hat. Crowley ist zum damaligen Zeitpunkt der viertmächtigste Abgeordnete der Partei in Washington, D.C. und wird als Nachfolger der Fraktionsvorsitzenden Nancy Pelosi gehandelt.

Crowley gibt etwa 3,3 Millionen US-Dollar für seinen Wahlkampf aus, bei AOC ist es weniger als ein Zehntel davon. Er erhält die öffentliche Unterstützung des gesamten demokratischen Parteiestablishments, sie nicht. Ihn kennt jede*r, sie damals so gut wie niemand. Und dennoch gewinnt sie diese parteiinterne Wahl – ein Sieg, der in der Hochburg der US-Demokraten (die Republikaner haben bei Wahlen regelmäßig keine Chance) mehr oder weniger gleichbedeutend ist mit dem Einzug in das Abgeordnetenhaus.

Ich bin fasziniert. Ja, auch von AOC, ihrem Charisma, ihrer Eloquenz, ihrer inhaltlichen Kompetenz. Doch was mich elektrisiert, ist etwas anderes: Die Organisationsstrukturen, die ihren Wahlerfolg möglich gemacht haben. Denn AOCs Kandidatur beginnt mit ein paar Klicks. Ihr Bruder hat etwas von zivilgesellschaftlichen Organisationen – mit klingenden Namen wie *Brand New Congress* oder *Justice Democrats* – gehört, die nach überzeugenden »working-class, everyday Americans« suchen, die sich um politische Mandate bewerben wollen beziehungsweise sollten. Klarer Fall aus der Sicht von Gabriel Ocasio-Cortez: Seine kluge, energische Schwester wäre eine hervorragende Repräsentantin ihrer Community.

Auf die Nominierung durch Gabriel folgt ein mehrstufiges Auswahlverfahren, in dem Alexandria sich durchsetzt – sie wird offizielle Kandidatin von *Brand New Congress* und *Justice Democrats*. In der Folge erhält sie Coachings, Hilfe beim Fundraising, Support durch Hunderte Ehrenamtliche sowie vielfältige anderweitige Unterstützung bei ihrer Wahlkampagne. Der Schlüssel zu ihrem Erfolg.

Am Abend dieses Tages im Mai 2019 denke ich: So etwas brauchen wir in Deutschland auch. Ich diktiere ein Memo in mein Handy und versende leicht aufgekratzt ein paar WhatsApp-Nachrichten. Danach gehe ich schlafen.

So beginnt die Geschichte von Brand New Bundestag (BNB). Unsere Initiative unterstützt bei der Bundestagswahl 2021 erstmals überparteilich Kandidierende, elf an der Zahl. Nominiert wurden sie auf der BNB-Website von Geschwistern, Freund*innen,

Kolleg*innen. Jene, die sich im Auswahlverfahren durchsetzen, supporten wir gemeinsam mit unseren Volunteers durch Presse- und Öffentlichkeitsarbeit, Coachings und strategische Beratung, gerade im innerparteilichen Wettbewerb um aussichtsreiche Kandidaturen. Vier von ihnen werden in der Wahlnacht zu Abgeordneten.

Kassem ist einer davon. Es ist seine erste Wahl. Als Kandidat. Und als Wähler. Kassem ist erst seit 2018 deutscher Staatsangehöriger, geboren wurde er 1993 im Irak. 2019 trat er bei B90/Die Grünen ein, im Herbst 2020 wurde er BNB-Kandidat. Im September 2021 ist er Mitglied des deutschen Bundestages (MdB).

Sehr, sehr wenige Menschen in der Politik legen eine solche Karriere hin wie Kassem. Die meisten sind jahre- oder jahrzehntelang in Parteistrukturen aktiv. Viele sind intrinsisch davon angetrieben, etwas Gutes für die Gesellschaft zu bewegen – bei einigen jedoch gerät diese Mission merklich aus dem Blick. In der Politik geht es eben viel auch um Verlässlichkeit, um informelle Netzwerke, um die Absicherung von Macht.

Diese für Außenstehende meist unsichtbaren Strukturen in Parteien führen zu mess- und spürbaren Auswirkungen, für uns alle. Nicht nur sind viele Gruppen in unseren Parlamenten unterrepräsentiert (angefangen etwa bei Frauen, Menschen ohne höheren Bildungsabschluss oder mit ostdeutschen Biografien, stark betroffen sind auch Menschen mit internationaler Familiengeschichte, Behinderungen oder aus der Queer-Community), was erwiesenermaßen schlechtere politische Entscheidungen zur Folge hat[1] – wir leben auch in einem demokratischen System, in dem Menschen nur bedingt nach ihrer Eignung oder ihrem Mut zur Gestaltung für politische Ämter ausgewählt werden. Schnell gelten solche Personen als zu »pushy«, ihr ungewöhnliches Maß an Energie wird als anstrengend zurückgewiesen, lieber bleibt man bei den alten Ritualen und Gewohnheiten.

Natürlich zeigt ein Blick in andere Sektoren, etwa die freie Wirtschaft, dass hieran nichts ungewöhnlich ist. Auch hier gibt es beispielsweise in großen Konzernen gerade für besonders gestaltungswillige Personen oftmals »gläserne Decken«, sie werden ausgebremst und suchen sich dann ein anderes Tätigkeitsfeld, gründen etwa ein eigenes Startup. Doch in der Politik geht es eben um so viel mehr. Die Menschen in politischer Verantwortung sind es schließlich, die die Weichen stellen, wohin unsere Gesellschaft steuert. Ob wir zeitgenössische Herausforderungen mutig angehen, dabei auch grundlegende Strukturen infrage stellen – oder uns lieber an den Status quo klammern.

Eigentlich ist es so einfach in der repräsentativen Demokratie: Die Menschen in den Parlamenten entscheiden stellvertretend für die Wähler*innen, die in Deutschland lebende Bevölkerung. Doch *wer* repräsentiert eigentlich die Bevölkerung? Was wird aus diesem System, wenn die mutigsten Gestalter*innen gerade nicht den Weg in die Politik gehen, sondern sich in Zivilgesellschaft oder Wirtschaft verwirklichen? Wenn viele Gruppen und Perspektiven systematisch ausgeschlossen werden, an den strukturellen Hürden der Parteiarbeit scheitern?

Viele der politischen Debatten, die wir tagtäglich in den Medien erleben, sind aus meiner Sicht – die sich aus den langjährigen Erfahrungen bei BNB, in der Parteiarbeit und in der Zivilgesellschaft speist – Symptome für eine Erkrankung unseres demokratischen Systems. Der Patientin Demokratie geht es nicht gut. Sie hat sich viele ungesunde Gewohnheiten zugelegt über die gut 70 Jahre ihres bisherigen Lebens. Sie ist zu satt und gleichgültig geworden, bewegt sich selten vom Fleck und hat sich damit abgefunden, dass schwer durchschaubare Machtnetzwerke bestimmen, wer bei Kandidaturen zum Zug kommt. Sie akzeptiert eine systematische Missrepräsentation vieler in Deutschland vertretener Sichtweisen. Die wohl schlimmste Diagnose jedoch ist: Sie glaubt nicht mehr daran, dass sie es besser kann. Ob frisch gewählte Abgeordnete, langjährige Spitzenpolitiker*innen, Partei-Basismitglieder oder zivilgesellschaftlich Engagierte: Fast niemand hält für möglich, dass sich grundlegende Logiken und Prozesse in der Demokratie wirklich verbessern beziehungsweise überhaupt verändern lassen. Die allerwenigsten glauben daran, dass es möglich ist, unsere Gesellschaft noch besser zu machen – etwa indem wir unser Verständnis von Wirtschaft ändern und anpassen, indem wir Methoden ersinnen und umsetzen, wie wir die Wirtschaft einhegen, damit sie nicht dazu führt, dass unser Planet durch Klimagase unbewohnbar wird.

Die Patientin muss sich dringend behandeln lassen. Doch sie erkennt nur punktuell ihre Erkrankung. Sie ist träge geworden und verbreitet nur noch selten Lebensfreude. Sie geht davon aus, dass ihr sowieso niemand helfen könne. Womöglich ist unsere Patientin in eine Art depressiven Gemütszustand verfallen.

Wie gehen wir mit so jemandem um? Wie gehen wir mit einer Demokratie um, die nur noch bedingt an ihre eigenen Versprechungen glaubt? Mit einer politischen Kultur, die sich selbst beschränkt und große Veränderungen weitgehend als Träumereien abtut?

In jedem Fall gilt: Eine Kranke geben wir nicht auf. Im Gegenteil, wir leisten Hilfe zur Selbsthilfe. Mal Ermunterung, mal einen Tritt in den Hintern, insgesamt viel Verständnis und ja, Liebe. Aus unserer Liebe zur Demokratie – dieser Herrschaftsform, die weiß Gott nicht perfekt und doch die beste ist, die sich Menschen bislang ausgedacht haben – kann sich jene Veränderung speisen, die wir brauchen, um den großen Herausforderungen unserer Zeit begegnen zu können. Es ist dringlich. Erhält die Patientin keine Behandlung, droht ihr der Tod. Denn sie steht im – seit dem Ukrainekrieg auch gewalttätigen – Konflikt mit Autokratien. Sie trägt extremistische Fremdkörper in sich, die sie schleichend vergiften und Fantasien eines faschistoiden Regimes verwirklichen wollen.

Doch die gute Nachricht ist: Es kann Heilung geben. Wenn wir uns – als Bürger*innen, als Zivilgesellschaft – darauf besinnen, welch einen großen Stellenwert die Patientin für uns hat. Sie ist Garantin unseres Lebens, unserer Liebe, unserer Beziehungen zu Familie und Freund*innen. Unsere Leben wären komplett andere ohne die Demokratie. Das sollte und muss der Weckruf sein für uns, systemische Defizite nicht länger hinzunehmen und uns an die Arbeit zu machen.

Dieses Buch soll ein Beitrag hierzu sein. Es erzählt Geschichten aus unserer Demokratie, die offenlegen, an welchen Symptomen die Patientin krankt. Es erzählt meine Geschichte von gut dreizehn Jahren politisch-sozialem Unternehmertum und meinen Versuchen, der Patientin zu helfen. Und Geschichten wie jene von Kassem, die zeigen, dass die Abwehrkräfte unserer Demokratie noch existieren – wenn sie zielgenau aktiviert werden.

In diesem Buch erwähnte oder zu Wort kommende Menschen erscheinen teils mit ihren echten Namen, teils anonymisiert, je nach persönlicher Präferenz. Ich bin ihnen in den letzten dreizehn Jahren in Parteipolitik und Zivilgesellschaft begegnet, habe Gespräche mit ihnen geführt oder mit ihnen zusammengearbeitet. Die Begegnungen mit diesen Menschen sind mir in Erinnerung geblieben und waren für mich Denkanstöße zum Zustand unserer Demokratie.

Die Erfahrungen, die ich in unserem demokratischen System machen durfte, sind Mosaiksteine eines größeren Bildes. So geht es weniger um die Personen und Charaktere, die sich hinter diesen Namen verbergen, als vielmehr um die Erkenntnisse, die sich aus ihren Geschichten gewinnen lassen. Ihre Geschichten sind Symptome der Erkrankung, Paradigmen unserer demokratischen Kultur.

Im ersten Kapitel berichte ich von Diskussionen über Waffeleisen in einer Partei-Hochschulgruppe und was das damit zu tun hat, dass wir manchmal das Gefühl haben, nicht wirklich von den bestmöglichen Leuten repräsentiert zu werden.

Ich erzähle von Abgeordneten, die in ihrem Büro im Deutschen Bundestag sitzen und angesichts von Demos vor der Tür fragen: Was bringt mir das hier drinnen? Wir werden uns im zweiten Kapitel gemeinsam ansehen, was das mit den Defiziten unseres Parlaments beziehungsweise unserer politischen Kultur zu tun hat.

Im dritten Kapitel lernen wir, neben jener von Kassem, weitere Geschichten des Brand New Bundestag kennen (Spoiler: unter anderem jene von den Bundestagsabgeordneten Rasha Nasr und Armand Zorn) – weshalb und wie wir uns auf den Weg gemacht haben, diese zur überparteilichen Community gewordene Organisation zu gründen – und beleuchten, wie dies unsere Demokratie voranbringen kann.

Danach, im vierten Kapitel, springen wir in die Mitte des Parlaments und schauen uns an, wie wir Politik effektiv bewegt bekommen – how to move politics in challenging times. Darin erläutere ich, was der »BNB-Parlamentskreis« ist und wie er sich in konkrete Gesetzgebungsverfahren einbringt. Und was all das mit *Movement Politics* zu tun hat.

Im fünften Kapitel beginnen wir gemeinsam zu träumen – den Traum von einem zukunftsfähigen Parlament, das stellvertretend für uns alle auf eine breit wahrgenommene, wirkmächtige Art und Weise die großen Fragen unserer Zeit diskutiert, nachhaltige Lösungen entwickelt und hierdurch gesellschaftliche Konflikte befriedet. Eine »Quasselbude for Future«, genau so wie es unser demokratisches Ideal vorsieht.

Zum Abschluss dieses Buches, im sechsten Kapitel, wagen wir es, ein großes, anziehendes Bild unserer *Brand New Democracy* im Jahr 2035 zu entwerfen. Wir träumen also weiter – von einer lebendigen, zukunftsgerichteten Demokratie, die in uns regelmäßig euphorische Gefühle auslöst. Geht nicht, gibt's nicht? Doch, geht und kann's geben.

In diesem Sinne mögen die einzelnen Kapitel Dir, liebe*r Leser*in, eine Erkundungstour im Backstage unserer Demokratie ermöglichen – und Dich hoffentlich das eine oder andere über unsere Demokratie besser verstehen lassen sowie Aufschluss bieten, wie Du die Patientin bei der Heilung unterstützen kannst. Denn Demokratie kann mehr. Mit ein bisschen Hilfe – und unser aller anpackender Hände – kann sie alles sein: Die beste Staatsform für uns alle, dynamisch, inklusiv und transformativ. Brand New.

Teil I:
Diagnose

Erstes Kapitel
Waffeln oder Glühwein?

Mein altes Fahrrad klappert gewaltig, als ich es an einem grauen Novemberabend 2008 im Nieselregen über das Kopfsteinpflaster der Heidelberger Altstadt quäle. Ich bin in gespannter Erwartung, verspüre Tatendrang und Aufbruchstimmung und habe eine Menge Ideen – noch unausgegoren, aber hier werden sie hoffentlich im Austausch mit anderen Gestalt annehmen und zu Projekten werden. Angekommen an meinem Zielort bin ich froh, dass das Schutzblech nicht abgefallen ist, und schlinge das viel zu dünne Zahlenschloss um einen Laternenpfahl. Während ich in das kleine Büro im Souterrain mit seinen 70er-Jahre-Sperrholzmöbeln hinabsteige, denke ich an Menschen, deren Initiative und Energie mich beeindruckt haben. Allen voran an meine unerschütterliche Großtante Luise Oehl, die kommunistische Widerstandskämpferin gegen die Nazis.[2] Doch ebenfalls an Menschen wie meinen leidenschaftlichen Geschichtslehrer, der mit uns auch nach der Schule noch gerne über Politik und Gesellschaft philosophierte und keine Gelegenheit verstreichen ließ, uns zu politischem Engagement zu ermutigen. Oder an Florian, den Gründer der ghanaischen Stipendienorganisation, für die ich im ländlichen Südwesten des Landes deren Stipendiat*innen betreut hatte. So viel ist möglich, wenn man gemeinsam an einem Strang zieht.

Wo geht es hier zur politischen Mitgestaltung, bitte?

Einige Leute sind schon da, es gibt Kaffee und Apfelschorle. Ich grüße etwas unbeholfen in die Runde und versuche, meine Verlegenheit zu überspielen, indem ich mir vermeintlich konzentriert die ausliegenden Flyer zu anstehenden Parteiveranstaltungen, Wahlkampfterminen und den lokalen Abgeordneten auf Landes- und Bundesebene ansehe. Es trudeln noch einige weitere Leute ein und schließlich sitzt etwa ein Dutzend Studierender um einen großen hellbraunen Konferenztisch, der aus vier zusammengeschobenen Schreibtischen besteht, darauf allerlei Süßkram, Handys, Schreibblöcke und Stifte, Laptops. Irgendjemand hat Lebkuchen mitgebracht. Und dann beginnt die Sitzung der Hochschulgruppe einer landläufig bekannten deutschen Partei.

Der Vorsitzende eröffnet und führt die Redner*innenliste, die verschiedenen Agenda-Punkte werden feinsäuberlich nacheinander abgearbeitet. Ich bin erst das zweite Mal bei diesem Treffen dabei und versuche noch zu durchdringen, worum es eigentlich genau geht – die versteckten Rituale und Gesten zu lesen und wer hier wie viel Einfluss und Standing hat. Inhaltlich bin ich komplett verloren und bereits nach einer halben Stunde ziemlich ermattet. Es geht um die Vorbereitung von einer Konferenz auf Landesebene, um die Anreise und wer wen mitnehmen kann, um die Verpflegung dort, viele mir unbekannte Namen schwirren durch den Raum, zwischendrin macht irgendjemand einen Inside-Joke, auf den hin die meisten Leute lachen (ich nicht), einige tippen auf ihren Laptops mit, andere lesen parallel Uni-Texte oder tuscheln kurz miteinander.

Je länger die Sitzung dauert, desto stärker merke ich, wie eine zunächst kaum spürbare und dann immer drängendere Unruhe in mir aufsteigt. Ich fange an, auf meinem harten 70er-Jahre Stuhl herumzurutschen und zunehmend gelangweilt die Plakate zu studieren, die an den Wänden hängen. Teilweise sind es alte Wahlkampfplakate, teils Sinnsprüche, die inhaltliche Forderungen der Partei aufgreifen oder irgendwie ironisieren. Allmählich werde ich müde und frage mich, ob das wirklich der beste Zeitvertreib für diesen Novemberabend war. Mein Magen knurrt und ich schnappe mir einen Lebkuchen.

Nach sage und schreibe knapp drei Stunden nähert sich die Sitzung allmählich ihrem Ende. Ich habe jetzt eine ungefähre Ahnung davon, was bei dieser Landeskonferenz passieren wird – unter anderem muss ein neuer Vorstand der Jugendorganisation der Partei gewählt werden –, jedoch keinen Schimmer, was genau das Programm dieser Gruppe ist, was sie inhaltlich bei der Konferenz erreichen will oder wo die argumentativen Konfliktlinien innerhalb des Verbandes verlaufen. Zwar wurden im Verlauf der Sitzung auch ab und an »Anträge« erwähnt, tief inhaltlich eingestiegen ist aber niemand. Es gab lediglich ein paar kurze Anmerkungen von jenen Leuten, die sich offenbar alle kennen und weitgehend einig sind; die einzelnen Punkte waren für die Runde und den Vorsitzenden dann jeweils schnell erledigt.

Ich bereite mich innerlich langsam darauf vor, wieder auf mein Rad zu steigen und im inzwischen strömenden Regen nach Hause zu fahren, da intensiviert sich die Debatte noch einmal. Die Hochschulgruppe will einen Wahlkampfstand zur anstehenden AStA-Wahl organisieren – doch die Anwesenden können sich nicht einigen, ob es dort Waffeln oder Glühwein geben soll. Verdutzt beobachte ich, wie plötzlich so leidenschaftlich für die eine oder andere Option gestritten wird wie bisher noch zu keinem anderen Zeitpunkt an diesem Abend. Bis schließlich der Vorsitzende das Machtwort spricht: Es wird Glühwein geben (ist weniger Sauerei als mit dem ganzen Waffelteig). Ich bin erleichtert, dass das jetzt auch geklärt ist, und ziemlich platt, als der Vorsitzende die Sitzung endlich schließt.

Ich verabschiede mich knapp und wieder recht unbeholfen von meinen Sitznachbar*innen, packe mich in meinen Wintermantel und gehe zügig nach draußen. Puh, endlich frische Luft.

In den Wochen und Monaten danach schaue ich noch ab und zu bei der Gruppe vorbei, treffe mich mit dem Vorsitzenden auf einen Kaffee in der Mensa, trinke auch einen Glühwein mit den Kolleg*innen an besagtem Stand – und doch hinterlässt der Abend im November einen ziemlich ernüchternden Eindruck.

Denn ich bin nach Heidelberg gekommen, um dort Jura zu studieren – aus ziemlich idealistischen Motiven heraus. Jura ist die »Sprache des Systems«, so dachte ich mir, die ich erlernen will, um unsere Gesellschaft zum Besseren verändern zu können.

Seitdem ich zwölf Jahre alt bin, ist der *Weltspiegel* in der ARD am Sonntagabend eine meiner Lieblingssendungen. Ich bin schon als Teenie ein »Politik-Nerd«, interessiere mich für so ziemlich alle politischen Entwicklungen, vor allem für die Außen- und Migrationspolitik. In der Schule nehme ich nach Ende des regulären Unterrichts, für viele meiner Freunde nicht nachvollziehbar, zweimal in der Woche an einem Arbeitskreis zu Politik und Zeitgeschichte sowie einer Debattiergruppe teil. Schon damals besuche ich ab und an Veranstaltungen der Jugendorganisationen unterschiedlicher Parteien. Man könnte also meinen, ich sei auf die Parteiarbeit in gewisser Weise vorbereitet gewesen.

Nach dem Abitur und dem Studienbeginn sah ich im November 2008 dann auch endlich die Zeit gekommen, intensiver in einer Partei mitzumischen und »Politik zu gestalten«, wie es so schön heißt. In all diesen Jahren der innerlichen Vorbereitung schwebte mir aber eindeutig nicht die Frage »Glühwein oder Waffeln?« vor.

Je länger dieser Abend und die sehr ähnlichen Erfahrungen mit der Gruppe in den Wochen danach in mir nachhallen, desto frustrierter und enttäuschter werde ich, was meine Chancen der politischen Mitgestaltung betrifft. Meine Hoffnung schwindet, in solchen Strukturen ein Gefühl von Selbstwirksamkeit entwickeln zu können.

Mit Karteileichen in die bessere Zukunft für alle?

So wie mir im November 2008 geht es vermutlich Tausenden von Menschen – egal ob alt oder jung, West oder Ost, aus akademischen oder nicht-akademischen Berufen, ob mit Migrationsbiografie oder ohne. Viele in meinem Freundes- und Bekanntenkreis haben sehr ähnliche Erfahrungen bei ihren ersten parteipolitischen Gehversuchen gemacht, die allermeisten haben sich nach kurzer Zeit wieder abgewendet. Und jene, die nicht wieder ausgetreten sind, haben sich mehrheitlich in die innere Emigration hin zur Karteileiche begeben.

Diese Erfahrung machen etliche Leute unabhängig von der Partei – ob links, grün, sozialdemokratisch, liberal oder konservativ, das Frustrationspotenzial beim Parteieinstieg ist überall riesig.

Nun könnte man natürlich sagen: Gut, ist doch eine Form der Selektion. Bleiben eben die dabei, die es am meisten wollen. Ja, stimmt zwar. Doch zu welchem Ergebnis kommen wir damit? Dass eben die Hartnäckigsten dabeibleiben. Die Privilegierten, die ihren Alltag so organisieren können, dass abends und am Wochenende noch genügend Zeit und Energie für das Parteiengagement bleibt. Die finanziell unabhängig oder zumindest solide aufgestellt sind. Jene, die die Sprache der parteiinternen Netzwerke und Logiken sprechen oder schnell sprechen lernen.

Deren Eltern, Onkeln oder Tanten vielleicht schon in der Partei aktiv waren oder zumindest ihr Engagement wertschätzend und unterstützend begleiten. Tendenziell die, die ihr Leben lang am selben Ort wohnen bleiben und nicht wegen Ausbildung oder Beruf umziehen beziehungsweise gar aus ihrem Herkunftsland fliehen müssen.

Erwischen wir mit diesem Modus die Leute in unserem Land, die sich am besten dafür eignen, die Bevölkerung in unseren Parlamenten zu repräsentieren? Die mutig vorangehen, den Status quo nachhaltig zu verbessern suchen und daran glauben, dass wir Dinge grundlegend anders machen können? Die tief in der Zivilgesellschaft verankert sind, auch in Bereichen fernab der Parteien? In Migrant*innen-Selbstorganisationen, in der lokalen Pflege- oder Mieter*innen-Initiative, in der Klimabewegung? Bilden wir auf diese Art und Weise die Vielfalt der Perspektiven in unserem Land angemessen ab?

Dem 21. Deutschen Bundestag gehören 32,4 Prozent Frauen (Bevölkerungsanteil: 50,7 Prozent), 11,6 Prozent Menschen mit Migrationsgeschichte (Bevölkerungsanteil: 29,7 Prozent) und 3,3 Prozent Menschen mit Behinderungen (Bevölkerungsanteil: 9,3 Prozent) an.[3] Weitere diesbezügliche Berechnungen liegen für den aktuellen Bundestag noch nicht vor,[4] aber wenn wir in die Vergangenheit blicken, sehen wir, dass die Zusammensetzung des Parlaments in der Regel auch in Sachen Bildung und Herkunft nicht viel mit der durchschnittlichen Bevölkerung zu tun hat. Dem 19. Deutschen Bundestag hätten, um den Anteil an der Gesamtbevölkerung angemessen zu repräsentieren, unter den damals insgesamt 709 Abgeordneten zusätzlich 244 Abgeordnete mit Hauptschulabschluss und 18 weitere Abgeordnete mit ostdeutschen Biografien angehören müssen.[5]

Geht es darum, die deutsche Bevölkerung im Bundestag eins zu eins nachzubilden? Braucht es hierfür eine Art mathematische Formel? Nein, natürlich nicht. Argumente in diese Richtung, die darauf abzielen, das Benennen von Repräsentationslücken ins Lächerliche zu ziehen, sind argumentative Blendgranaten, die von ernsthaften Herausforderungen ablenken sollen.

Jenseits der Tatsache, dass auch ein gewählter weißer Mann mit akademischem Abschluss die Interessen von in der deutschen Gesellschaft unterrepräsentierten Gruppen mitberücksichtigen kann und muss, ist es doch nur einleuchtend, dass zahlenmäßig massiv zu wenig vertretene Perspektiven es schwerer haben, in unseren Parlamenten auch wirklich in Gesetzesform gegossen zu werden. Um hier nur einen Aspekt herauszugreifen: 52,7 Prozent der Deutschen arbeiten in nicht-akademischen Berufen.[6] Der Anteil von Nicht-Akademiker*innen im Deutschen Bundestag lag in der Vergangenheit stets bei unter 15 Prozent.[7] Ist es vor diesem Hintergrund eine Überraschung, dass Deutschland sehenden Auges in einen Fachkräftemangel gesteuert ist? Dass allen öffentlichen Beteuerungen zum Trotz nie entscheidend nachgebessert worden ist, was die gezielte Förderung und Ausbildung von Menschen in nicht-akademischen Berufen betrifft? Ist womöglich sogar schon der europaweit geltende Fokus auf immer höhere Akademisierungsraten verfehlt, da unsere Gesellschaft schlicht nach wie vor einen höheren Bedarf gerade auch an technischen Berufen hat? Und es darum gehen würde, deren Ansehen hochzuhalten und bestmögliche Voraussetzungen zu schaffen? Zumal akademische »knowledge jobs« im KI-Zeitalter voraussichtlich an Bedeutung verlieren werden?

Auch wenn es gute Gründe für die Akademisierung der Berufswelt gibt,[8] liegt der Schluss nahe, dass wir in all diesen Aspekten eben einen fast ausschließlich von Akademiker*innen gestalteten Arbeitsmarkt erleben. Dass die Abgeordneten in unseren

Parlamenten ihren eigenen Lebensweg und die Chancen ihrer akademischen Bildung stärker bei ihren gesetzgeberischen Entscheidungen vor Augen haben, ist zumindest nicht fernliegend. So kann eine starke Missrepräsentation von Perspektiven eben doch für eine verfehlte Politik sorgen. Sosehr sich der Anwalt oder Lehrer auch in einen Facharbeiter hineinzuversetzen versucht und entsprechende Studien liest – er wird sich schwertun, die Details und Besonderheiten von technischen Berufen angemessen zu berücksichtigen, zumal ihm persönliche Erfahrungswerte fehlen.

Neben der Repräsentation ist mir noch ein weiterer Aspekt wichtig. Wenn sich parteipolitisches Engagement oftmals so anlässt wie bei mir im November 2008 in Heidelberg, laufen wir Gefahr, vor allem jene Menschen als potenzielle Politiker*innen zu verlieren, die wirklich etwas in Bewegung bringen wollen. Und ist das nicht genau das Problem, mit dem viele von uns sich aktuell konfrontiert sehen? Das Gefühl, dass es in der Politik nicht richtig vorangeht? Dass wir bei aller ausführlicher Beschreibung der bestehenden Herausforderungen selten Menschen erleben, die einen mutigen, hoffnungsvollen Entwurf unserer Zukunft zeichnen? Und dabei zudem rüberbringen, wirklich daran zu glauben, ihn auch umsetzen zu können?

In vielen Fällen braucht man nach wie vor für eine politische Karriere vor allem – Sitzfleisch. Bekommen wir so Menschen in Ämter, die einen großen Tatendrang verspüren und die Gesellschaft schnellstmöglich zum Besseren verändern wollen? Wohl kaum.

Klar erleben wir immer wieder mal Geschichten wie jene von Verena Hubertz, die als Startup-Unternehmerin in die Politik wechselte, schnell für den Bundestag kandidierte, dort direkt zur stellvertretenden SPD-Fraktionsvorsitzenden und inzwischen zur Bundesministerin aufstieg. Doch diese Geschichten bleiben die absolute Ausnahme. Der Regelfall sind eher Biografien wie jene von Olaf Scholz, der vom Juso-Bundesvorstand bis hin zum Kanzler so gut wie jedes politische Mandat beziehungsweise Parteiamt ausübte und zwischenzeitlich unter anderem bereits SPD-Generalsekretär, Regierender Bürgermeister in Hamburg und Bundesfinanzminister war.

Es geht nicht darum, diese Lebenswege grundsätzlich verächtlich zu machen. Vielmehr braucht es wohl in den Parteien wie auch in unseren Parlamenten eine gute Mischung zum einen aus Personen, die die dortigen formellen und informellen Gepflogenheiten bestens kennen, und zum anderen aus solchen, die neue Ideen und einen ordentlichen Schwung an Energie mit hineinbringen.

Wir sollten unsere Parteien allerdings daran messen, wie gut es ihnen gelingt, jene Personen aus der Gesellschaft herauszufiltern, die sich am besten als unsere Abgeordneten eignen. Wir können uns nicht mehr dem Luxus hingeben, Parteien einfach so vor sich hin funktionieren zu lassen. Unsere Demokratie wird nur dann widerstandsfähig bleiben, wenn zumindest die Mehrheit der Menschen in unserem Land daran glaubt, in ihr Gehör finden und Dinge grundlegend mitgestalten zu können.

Dann halt Zivilgesellschaft?! Mein Weg mit den Refugee Law Clinics

Im Herbst 2009 entscheide ich mich, Heidelberg zu verlassen und mein Studium in Köln fortzusetzen. Dort angekommen brauche ich mit meinem klapprigen Fahrrad nur wenige Minuten von meiner WG im Belgischen Viertel zur Uni. Auch hier schaue ich ab und an bei Parteiveranstaltungen vorbei, zudem engagiere ich mich eine kurze Zeit in der juristischen Arbeitsgruppe von amnesty international. Ansonsten lasse ich die Vorlesungen zu Kaufverträgen, Verwaltungsakten und Mord und Totschlag eher über mich ergehen, tue das Nötigste, um die Klausuren zu bestehen, aber so richtig identifizieren kann ich mich mit dem, was ich da lerne, nicht. Mein Ziel, mit der »Sprache des Systems« eines Tages unsere Gesellschaft verbessern zu können, scheint mir in immer weitere Ferne zu rücken.

An der juristischen Fakultät fällt mir schnell auf, dass es zahllose Recruiting-Veranstaltungen von großen Wirtschaftskanzleien gibt – jedoch kaum ein Angebot für das gesellschaftliche Engagement von Jurastudierenden (die Amnesty International-Gruppe und den AStA einmal ausgenommen). Ich tue es meinen Kommiliton*innen erst einmal gleich und lasse mich für einen Studentenjob in einer solchen Kanzlei anwerben.

In einem schicken Geschäftsgebäude aus Beton und Glas direkt am Rhein sitze ich fortan an zwei Nachmittagen pro Woche in einem Großraumbüro und unterstütze die Anwält*innen mit Recherchen, dem Korrigieren von Schriftsätzen und allen möglichen anderen Hilfstätigkeiten. Viele der Anwält*innen sind sehr offen und freuen sich über meine Unterstützung – der Partner, für den ich arbeite, neigt jedoch zu cholerischen Anfällen. Einmal bekomme ich mit, wie er seine Sekretärin öffentlich anschreit, weil sie ihm für einen Flug von Köln nach Hamburg keine Business Class gebucht hatte. Als er mir den Arbeitsauftrag erteilt, für seine Masterarbeit – er macht ein juristisches »Aufbaustudium«, einen sogenannten Master of Laws (LL.M.) – zu recherchieren und sie letztlich für ihn zu schreiben, kündige ich noch am selben Abend.

Was meine Zukunft betrifft, fühle ich mich in diesen Wochen und Monaten ziemlich »lost« und desillusioniert. Wie und wo kann ich etwas Sinnvolles beitragen zu unserer Gesellschaft? Ist das überhaupt erwünscht? Bei meinen Interaktionen mit den Parteien hatte ich nicht unbedingt den Eindruck. Ich hantiere ein wenig mit journalistischen Ansätzen, schreibe ein paar Blogs. Das macht mir zwar gelegentlich Spaß, das reine Beschreiben der Realität stillt aber nicht meinen Drang, wirklich anzupacken und etwas umzusetzen, von dem andere Menschen direkt profitieren.

Diese Suche geht noch einige Monate weiter, bis ich durch Zufall eine der Gründer*innen der Bildungsinitiative ROCK YOUR LIFE! kennenlerne.[9] Die Organisation vermittelt studentische Mentor*innen an sozial benachteiligte Schüler*innen, die Letztere mit Coachings bei ihrer Schullaufbahn und Karriereplanung unterstützen. Zunächst lege ich diese Information in meiner inneren Kartei unter »spannend« ab, weiß aber nicht sehr viel mehr mit ihr anzufangen.

Als ich an einem durchschnittlichen Unitag in der Kölner Jura-Bibliothek wieder mal vor einem der Poster stehe, das ein Recruiting-Event einer Großkanzlei bewirbt, macht es bei mir auf einmal »Klick«. Wieso gibt es eigentlich keine Angebote für Jura-Studierende, ihre erworbenen Fähigkeiten für Menschen in der Gesellschaft einzusetzen, die diese nur allzu gut gebrauchen können? Ich bediene die Internet-Suchmaschine meines Vertrauens und finde das Konzept der »Law Clinics«, also »Rechtskliniken«, die in den USA weit verbreitet sind. In diesen »Kliniken« lernen Studierende, ihre rechtlichen Fähigkeiten praktisch (= »klinisch«) anzuwenden – also quasi am konkreten Fall zu lernen. Die Idee fasziniert mich sofort. Ich recherchiere ein wenig weiter und finde heraus, dass solche »Kliniken« beziehungsweise studentische Rechtsberatungsstellen bis 2008 in Deutschland unzulässig waren – wegen eines Gesetzes aus der Nazi-Zeit, wonach nur Personen mit Rechtsanwaltszulassung rechtsberatend tätig werden durften (das Gesetz nutzten die Nazis damals, um Jüd*innen vollständig aus dem Anwaltsberuf zu verdrängen, indem sie ihnen die Anwaltszulassungen entzogen und nicht wieder erteilten).[10] Nun galt seit einiger Zeit jedoch das neue »Rechtsdienstleistungsgesetz«, das es auch Personen ohne Rechtsanwaltszulassung unter bestimmten Voraussetzungen erlaubte, andere Menschen rechtlich zu beraten.

Die Idee, eine »Law Clinic« in Köln zu starten, begeistert mich direkt. Bei meinem weiteren Nachdenken darüber, welchen inhaltlichen Zuschnitt diese »Klinik« haben sollte, kommt mir sehr schnell die Perspektive von Menschen in den Sinn, die nach Deutschland einwandern beziehungsweise flüchten. Ihnen fehlt naturgemäß das Wissen um die Funktionsweise unserer Verwaltung, zudem sprechen viele unsere Sprache nicht oder kaum – dabei ist es schon für Muttersprachler*innen teils äußerst herausfordernd, rechtliche Verfahren zu verstehen.

An einem Abend im August 2012 setze ich mich mit einer Tasse Tee an meinen weißen IKEA-Schreibtisch und tippe eine »Projektskizze« für eine »studentische Rechtsberatung für Asylbewerber und Ausländer an der Universität zu Köln« in meinen Laptop. Danach schicke ich eine Mail über ein paar studentische E-Mail-Verteiler (Amnesty International, Stipendienwerk, AStA etc.) und gehe schlafen. Viele Gespräche, E-Mails und zwei Treffen später gründe ich im Februar 2013 mit sieben Mitstreiter*innen den »Refugee Law Clinic Cologne e.V.«. Bald unterhält der Verein eigene Beratungssprechstunden in mehreren Kölner Wohnunterkünften für Geflüchtete. Auf deutschlandweite Presseberichterstattung hin, unter anderem in der *Süddeutschen Zeitung*, melden sich Studierende aus Berlin, Leipzig, Heidelberg, München und vielen weiteren Städten bei mir. Sie wollen ähnliche Projekte aufbauen. Wir teilen mit ihnen unsere Kölner Erfahrungen und

Materialien. Fast forward – heute gibt es über 38 Refugee Law Clinics in ganz Deutschland, an fast jeder Jura-Fakultät eine.[11]

Für mich war die Zeit mit den »Clinics« ein echtes Geschenk. Nach den Jahren des Suchens nach meiner Wirksamkeit zugunsten unserer Gesellschaft hatte ich endlich etwas gefunden, das ausschließlich Sinn zu ergeben schien – Studierende konnten ihr Wissen praktisch anwenden und so vertiefen, Migrant*innen und Geflüchtete erhielten kostenfreie Rechtsberatung. Ich konnte richtiggehend anpacken, einen Verein gründen, Sprechstunden organisieren und abhalten, Schulungen veranstalten, neue Studierende für unsere Arbeit anwerben, mit Rechtsanwält*innen Kontakt aufnehmen, über unser Engagement in der Presse berichten und vieles mehr. Es erschien alles so wahnsinnig viel sinnvoller als die Frage »Waffeln oder Glühwein« und die langatmigen Sitzungen damals in Heidelberg.

Mein Lebensweg erscheint mir auch in dieser Hinsicht symptomatisch für sehr viele Menschen in meiner Generation »Y« beziehungsweise auch in den benachbarten Generationen »X« und »Z«. Wenn wir gesellschaftlich etwas beitragen oder verändern wollen, starten wir ein Projekt, eine Initiative, einen Verein – oder schließen uns bestehenden Gruppen und Bewegungen an. Teilweise läuft dieses Engagement zunächst parallel zu der Mitarbeit auch in Parteistrukturen. Für die meisten kommt jedoch irgendwann der Scheideweg: Engagiere ich mich in einer Partei oder anderweitig in der Zivilgesellschaft? Die meisten entscheiden sich in meiner und den benachbarten Generationen für Letzteres. Zwar nimmt das Interesse an politischem Engagement bei Jugendlichen und jungen Erwachsenen seit einigen Jahren stetig zu, dies spiegelt sich jedoch kaum in Parteieintritten wider.[12] Vielmehr geben 43 Prozent der 18- bis 30-Jährigen an, gar nicht zu wissen, wo oder wie sie sich einbringen können; nur 9 Prozent glauben, dass Parteien offen für die Ideen junger Leute sind.[13] Das Engagement in einer Partei erscheint als so unattraktiv, dass das Bedürfnis nach politischem Engagement entweder verpufft oder sich in anderweitigem zivilgesellschaftlichen Engagement Bahn bricht.

Wir haben in den letzten Jahren eindrucksvolle Bewegungen von »diesen jungen Leuten« erlebt – allen voran natürlich Fridays for Future (FFF), aber auch die Seebrücke, Leave No One Behind, die Seenotrettungsorganisationen insgesamt, die Letzte Generation, zahlreiche Klimagerechtigkeits-Initiativen und viele mehr. Einige von ihnen, vor allem FFF, waren phasenweise dazu in der Lage, den öffentlichen Diskurs mitzuprägen, für Momente sogar ihn vor sich herzutreiben. Sinnbildlich hierfür steht das Klimaschutzgesetz, das die Große Koalition unter Angela Merkel im Dezember 2019 verabschiedete. Es sollte in typisch »Merkel'scher Manier« eine politische Antwort auf den öffentlichen Druck darstellen, der insbesondere durch die Demonstrationen von FFF verursacht worden war.

Ist dieser Weg des Engagements in unserer demokratischen Gesellschaft heute also sogar wirkmächtiger als die Arbeit in den politischen Parteien? Sollten wir nicht einfach alle unablässig neue Bewegungen und Vereine gründen, wenn wir unsere Anliegen voranbringen wollen? Dann brauchen wir uns auch nicht durch langwierige Parteisitzungen quälen und zu viel Zeit mit Irrelevantem zubringen?

Leider lauert auf diesem Weg des Aktivismus früher oder später für die meisten ein Moment der Ernüchterung. Wenn die Vereine gegründet, die Demos durchgeführt und viele Pressebeiträge und Social-Media-Postings darüber entstanden sind, kommen ruhige Momente, in denen man Bilanz zieht.

Ich selbst musste nach insgesamt sieben Jahren meines ehrenamtlichen Engagements für die Refugee Law Clinics (nach der Gründung der RLC in Köln initiierte ich unter anderem noch den

Bundesverband der RLCs und leitete ihn für zwei Jahre) ernüchtert feststellen, dass die Rechtsberatung von Geflüchteten so gut wie keine Erfolgserlebnisse bereithält. Vielmehr sind die gerichtlichen Verfahren häufig frustrierende Erfahrungen für alle Beteiligten, vor allem natürlich für die Betroffenen selbst. Unser Migrationsrecht war schon, als ich bei den RLCs aktiv war, vor allem auf die sogenannte *Gefahrenabwehr* ausgerichtet. Die Chancen eines langfristigen Aufenthalts der jeweiligen Person in Deutschland, nicht nur für diese selbst, sondern auch für unser Land, spielten – und spielen – quasi keine Rolle. Nach dem europäischen Asylsystem ist es erst einmal egal, ob ein Mensch arbeitet, gut integriert ist und für seine Mitmenschen eine Bereicherung darstellt. Wenn der Asylantrag in einem anderen europäischen Staat zuerst gestellt wurde – und das ist wegen der geografischen Lage Deutschlands fast immer der Fall –, muss die Person grundsätzlich in diesen Staat abgeschoben werden (hier spricht man vom sogenannten »Dublin-Verfahren«). Auch die Gewinnung und Förderung von in Deutschland in vielen Branchen benötigten Arbeitskräften spielt, trotz des seit 2020 geltenden Fachkräfteeinwanderungsgesetzes, in unserem Migrationsrecht so gut wie keine Rolle. Dies wird immer dann deutlich, wenn wieder eine Pressemeldung einer berufstätigen, in ihrem Lehrberuf dringend benötigten Geflüchteten die Runde macht, die zum Unverständnis ihres gesamten Umfelds, einschließlich ihres Arbeitgebers, dann doch abgeschoben werden soll. Eine weitere Facette des Fachkräftemangels.

Wir haben es also in Deutschland noch nicht verstanden, Migrationsbewegungen zur Weiterentwicklung unserer Gesellschaft zu nutzen, sondern handeln weitgehend aus einem »Abwehrmechanismus« heraus. Für Rechtsberater*innen macht sich dieser Umstand vor allem dadurch bemerkbar, dass man nicht selten über 80 Prozent der geführten Verfahren verliert. In speziellen Rechtsfragen liegt die Erfolgsaussicht quasi bei null. Für Student*innen, die eine Refugee Law Clinic durchlaufen, stellt sich daher nach anfänglicher Euphorie früher oder später die ernüchternde Frage, was genau das eigentlich alles bringt. Zwar können sie in Einzelfällen die Lebenssituation ihrer Klient*innen verbessern, zudem ist natürlich jede rechtliche Betreuung besser als keine und die Student*innen erleben einen persönlichen Lerneffekt. Die gesellschaftliche Wirkung ihres Tuns beschränkt sich jedoch in jedem Fall auf ein paar wenige Einzelfälle. Grundlegende Veränderungen am »System« gelingen so erst einmal nicht.

Zauberstäbe, Wirkungsketten und öffentlicher Druck

Solche Effekte sind bestimmten exklusiven Akteur*innen vorbehalten. Sie halten einen sinnbildlichen Zauberstab in den Händen, der ihnen praktisch erlaubt, über Nacht (fast) alles in unserem Land zu verändern. Sie können von einem Tag auf den anderen dafür sorgen, dass Deutschland im großen Stil eingewanderte Menschen in Berufen ausbildet, die unsere Wirtschaft benötigt. Sie können unsere gesamte Industrie dazu bringen, künftig klimaneutral zu arbeiten. Sie können Deutschland zu einem digitalen Vorreiter und Spitzen-Technologie-Standort machen.

Diese Zauber*innen sitzen im Epizentrum unseres demokratischen Systems. Alles zielt darauf ab, wie sie sich entscheiden. An sie richten sich die meisten Demonstrationen auf der Straße, die vielen Studien, Analysen und Reports von zivilgesellschaftlichen Organisationen, all die Frühstücke, exklusiven Lunch-Briefings und Gala-Dinners von Lobbyisten und Verbänden ebenso wie

Tausende Eingaben, Briefe und E-Mails von Bürger*innen und allen möglichen Interessensgruppen.

In unserem Rechtsstaat ist der zentrale Hebel für gesellschaftliche Veränderung – das Gesetz. Alles, was wir grundlegend verbessern wollen, erfordert dieses kollektive Instrument. Jede Agenda, jedes Visionspapier und jeder Leitfaden bleiben Papiertiger, wenn sie nicht in Gesetzesform gebracht werden. Besonders eklatant wird es im Klimakontext: Natürlich verbraucht jede*r einzelne von uns weniger CO_2, wenn wir nicht mehr fliegen, uns vegan ernähren und Ökostrom beziehen. Doch in eine klimaneutrale Zukunft, die lebenswert für alle ist – gerade auch für jene, die nicht über große finanzielle Spielräume verfügen, ihr Konsumverhalten anzupassen –, gelangen wir nur durch ein kollektives Programm, eingeführt in Gesetzesform.[14]

Da dies so ist, fehlt der aktivistisch-zivilgesellschaftlichen Arbeit häufig ein entscheidender Baustein in ihrer »Wirkungskette«. Alles ist darauf ausgerichtet, die Regierung so unter Druck zu setzen, dass sie die eigenen Anliegen umsetzt. Wie das Klimaschutzgesetz von 2019 zeigt, kann das funktionieren. Doch tut es das wirklich?

Zwar hatte die Große Koalition im Jahr 2021 auf die Klage von zahlreichen Klimaaktivist*innen und ein entsprechendes Urteil des Bundesverfassungsgerichts hin das Klimaschutzgesetz zunächst weiter verschärft;[15] im Jahr 2024 wurden dann jedoch ausgerechnet unter der Ampel-Regierung die sektorspezifischen Vorgaben aufgehoben. Künftig müssen also nicht mehr einzelne Sektoren wie »Verkehr« oder »Gebäude« CO_2-Grenzwerte einhalten, sondern der Staat beziehungsweise die Bundesregierung als Ganzes, sektorübergreifend. Dies macht es schwer, nachzuvollziehen, wo genau Grenzwerte verletzt werden – und damit auch für Klimaschützer*innen, Klimaschutz einzuklagen. Diese Reform der Ampel wurde daher als starke *Aufweichung* des Klimaschutzgesetzes gewertet.[16] Wir laufen als Zivilgesellschaft also Gefahr, eine bloße, etwa vorübergehende »Scheintransformation« herbeizuführen – nämlich dann, wenn die politisch Verantwortlichen zwar unter öffentlichem Druck handeln, jedoch selbst gar nicht an die Notwendigkeit der jeweiligen Reform glauben. Unsere Parteien und Parlamente funktionieren nach einer »Binnenlogik«, die sich an internen Strukturen und Gewohnheiten misst. Wenn wir – als zivilgesellschaftliche Engagierte und Bürger*innen – in diesen nicht entscheidend und rechtzeitig Gehör finden, werden wir keinen grundlegenden Wandel hinbekommen.

Nichts davon soll die wichtige Arbeit von Fridays for Future und vielen anderen Gruppen schmälern. Das Aufbauen des öffentlichen Drucks ist ein zentrales Element für gesellschaftlichen Fortschritt. Wichtig ist mir das Folgende: Alle zivilgesellschaftlichen Akteur*innen sind letztlich darauf angewiesen, dass Menschen innerhalb des politischen Betriebs – das heißt innerhalb der Parteien und Parlamente – ihre Impulse aufgreifen und in Gesetzesform gießen. Hierfür brauchen wir in unseren Parlamenten Abgeordnete, die sich zutrauen, weitreichende und grundlegende Veränderungen auf den Weg zu bringen. Wir brauchen Menschen, die den Mut haben, Strukturen und Gewohnheiten infrage zu stellen und sich mit Leidenschaft dafür einsetzen, dass diese verändert oder abgeschafft werden. Wegen der zentralen Rolle, die unser staatliches System den Gesetzen und damit den Parlamenten zugedacht hat, brauchen wir Personen als Gesetzgeber*innen, die selbst die Notwendigkeit weitreichenden Handelns tief durchdrungen haben und die hierfür brennen; die ein Vorhaben offensiv anpacken und nicht davon ablassen, bis es zur Umsetzung gelangt ist.

All diese Qualitäten sehen wir häufig bei Aktiven in der Zivilgesellschaft. Sie versprühen den Veränderungswillen und die Tatkraft, die wir zu oft bei den politischen Verantwortlichen vermissen. Wir erleben sie dann beinahe täglich in den Sozialen Medien oder einer Talkshow – doch eben nicht im Plenarsaal des Deutschen Bundestages, wo sie eine flammende Rede für die Verabschiedung eines weitreichenden Gesetzes halten könnten.

Zu meinen Stationen in Heidelberg und Köln habe ich Dich, liebe*r Leser*in, mitgenommen, um vor allem eines zum Ausdruck zu bringen: Wir brauchen solche Leute in unseren Parlamenten. Wenn wir weiterhin eine Parteienlandschaft hinnehmen, die nach teils jahrzehntealten Ritualen funktioniert, wenig attraktiv für gestaltungswillige Menschen ist und politische Ergebnisse des »Klein-Kleins« produziert, werden wir unsere Gesellschaft nicht weiterentwickeln können. Und, ich fürchte, in Zeiten des immer stärker werdenden Rechtsextremismus, wird es für uns dann immer schwieriger werden, unsere Demokratie zu erhalten. Denn wer will dauerhaft in einem System leben, das nicht die bestmöglichen Vertreter*innen der Bevölkerung zu seinen Gesetzgeber*innen macht und nicht die bestmöglichen Ergebnisse produziert?

Weil ich das nicht will und gleichzeitig die Demokratie noch immer die beste Staatsform aller Zeiten darstellt (sie schafft mitunter am längsten Frieden und bringt den größten Wohlstand hervor),[17] will ich Dich, liebe*r Leser*in, dafür gewinnen, mit mir und vielen anderen Menschen gemeinsam dafür zu sorgen, dass wir unsere Demokratie gezielt erneuern – und wieder mit dem Leben füllen, das dem Ideal einer Herrschaft des Volkes beziehungsweise der Bevölkerung[18] gerecht wird. Bist Du dabei?

Zweites Kapitel
Was bringt mir das hier drinnen?

Im Juli 2018 ziehe ich nach Berlin. In meinen alten Kleinwagen passen zwei Koffer, zwei Umzugskisten und noch ein wenig Hausrat. Mit meinem bis unters Dach vollgestopften Auto komme ich im schicken Berliner Südwesten an. Kurioserweise habe ich ausgerechnet hier – und nicht in Kreuzberg oder Friedrichshain – eine WG gefunden, um die Ecke von der Freien Universität, Standort Boltzmannstraße, wo die Jurastudierenden Kaufrecht, Baurecht und vieles mehr pauken. (Später erfahre ich, dass es das Haus eines ehemaligen Staatssekretärs ist, der sich gerade auf Weltreise befindet und es in dieser Zeit an seinen Schwiegersohn in spe vermietet, der daraus eine WG gemacht hat.) Ich richte mich in meinem kleinen Zimmer unter dem Dach ein, so gut es geht. Darin befinden sich ein schmales hölzernes Bett und ein Schreibtisch, die Wände sind mit dunklen Teppichen behangen. Ich nehme sie ab und versuche, etwas persönlichen Flair zu schaffen, was nur bedingt gelingt.

Ein paar Tage später radle ich erstmals zur S-Bahn und steige in die S1. Am Brandenburger Tor steige ich aus, laufe durch die steinernen Säulen hindurch und biege rechts ab. Kurz eine Fußgängerampel überquert, laufe ich auf zwei Polizisten zu. »Ausweis?!« Ich krame in meiner Tasche und hole den blauen Hausausweis heraus, den ich mir schon ein paar Wochen vor meinem Umzug besorgt hatte. Nachdem ich die Kontrolle passiert habe, gehe ich links in das große Gebäude mit der Kuppel hinein, zeige beim Pförtner noch einmal meinen Ausweis und begebe mich dann hinein in das Epizentrum des politischen Berlins – den Deutschen Bundestag.

Ernüchterung, Ohnmacht und begrenzte Handlungsspielräume

Ich habe inzwischen mein juristisches Studium sowie zwei Jahre des Promovierens im Völkerrecht hinter mir. Auf einer migrationsrechtlichen Konferenz, an der ich in meiner Rolle als Gründungsvorsitzender des Bundesverbandes der Refugee Law Clinics teilnahm, hatte ich einen Bundestagsabgeordneten kennengelernt, der mir direkt einen Job anbot. Nach einigem Hin- und Herüberlegen nahm ich an. Von einem Praktikum im Bundestag kannte ich die parlamentarischen Abläufe schon grob. Nun reizte mich die inhaltliche Arbeit an Gesetzesvorlagen – vielleicht würde ich auf diese Weise endlich »Politik gestalten« können?

Meine Arbeit im Bundestag glich eher der eines Beraters. Ich war nicht fest in die Abläufe eines Abgeordnetenbüros eingebunden, sondern traf mich in unregelmäßigen Abständen mit dem Abgeordneten, der mich für eine befristete Zeit eingestellt hatte. Bei unseren Meetings besprachen wir neben migrationsrechtlichen Inhalten vor allem strategische Aspekte der Gesetzgebung – etwa wann es am günstigsten wäre, welche Regelung mit der Koalitionspartnerin zu thematisieren oder welche Expert*innen wir für die Ausschussanhörungen anfragen könnten –, und die Beschaffenheit der unsichtbaren Machtdynamiken im Hintergrund, also beispielsweise welcher Fraktionsflügel wie zu dem Vorhaben stand und wie sich die unterschiedlichen inhaltlich zuständigen stellvertretenden Fraktionsvorsitzenden hierzu positioniert hatten. Es war die Zeit der »Großen Koalition« und die beiden Koalitionäre rangen hinter den Kulissen intensiv um die Gesetzesvorhaben, allen voran im Bereich der Migration.

Im Koalitionsvertrag war mitunter vereinbart worden, dass es ein Fachkräftezuwanderungsgesetz geben sollte. Das Gesetz sollte einen »Paradigmenwechsel« in der deutschen Migrationspolitik mit sich bringen, indem es endlich die Chancen von Einwanderung aufgreift und für die deutsche Gesellschaft nutzbar macht. Es sollte ausländischen Fachkräften Lust auf einen beruflichen Neuanfang in Deutschland machen. Jedoch gingen die Vorstellungen, wie genau dieses Gesetz auszugestalten sei, weit auseinander. Es wurde wochen- und monatelang verhandelt. Letztlich setzte sich die Auffassung durch, dass man es (sinngemäß formuliert) »nicht übertreiben« dürfe und den Anwendungsbereich des Gesetzes erst einmal überschaubar gestalten sollte. Sprich, es sollten erst einmal nicht »zu viele« Menschen durch das neue Gesetz nach Deutschland kommen können. Zu diesem Zweck wurden die Anforderungen an ausländische Fachkräfte mit Blick auf unter anderem Ausbildung, Sprachkenntnisse und finanzielle Ressourcen so hoch angesetzt, dass eigentlich nur top-qualifizierte Personen mit vergleichsweise hohen Einkommen hierfür infrage kamen. Dass dies nicht mit der Nachfrage deutscher Unternehmen nach auch anderweitig qualifizierten Arbeitskräften übereinstimmte, wurde bewusst hingenommen. Zu groß war die Sorge, zu viele Menschen anzuziehen.

Das Paul-Löbe-Haus des Bundestages hat nicht nur eine spektakuläre Architektur mit langen Fluren, Brücken, Fensterfronten hin zu Spree und Bundeskanzleramt sowie viel Sichtbeton zu bieten, sondern beherbergt außer sehr beliebten Abgeordnetenbüros auch die runden Ausschusssäle des Deutschen Bundestags. Da diese zylinderförmig übereinander angeordnet sind, wird das Haus auch als »Motor der Republik« bezeichnet. In diesem Gebäude saß ich damals regelmäßig bei einer Tasse Kaffee mit dem Abgeordneten zusammen. Je länger ich für ihn tätig war und auf dem schwarzen Kunstledersofa in seinem Büro über dieses und andere Gesetzesvorhaben diskutierte, desto ernüchterter wurde ich – wieder einmal. Denn es wurde immer deutlicher, dass die persönliche Meinung des Abgeordneten kaum eine Rolle spielte mit Blick auf das konkrete Gesetz, sein Handlungsspielraum war stark begrenzt. Obwohl er selbst inhaltlich für den Migrationsbereich zuständig war, kamen die entscheidenden Ansagen aus der Fraktionsführung beziehungsweise dem Ministerium. Er konnte also so gut wie gar nicht Einfluss nehmen auf das, was da passierte – zumindest empfand er den Vorgang so. Seine Einflussmöglichkeiten beschränkten sich im Wesentlichen auf Versuche, mit jemandem aus dem Fraktionsvorstand oder der zuständigen Staatssekretärin ins Gespräch zu kommen. Sah so also »Politik gestalten« aus?

Im Bundestag kam ich durch verschiedene Sitzungen, Treffen, Mittagessen und Abendveranstaltungen mit zahlreichen Abgeordneten in den Austausch. Einige kannte ich bereits aus meiner Tätigkeit für die Refugee Law Clinics, in der ich als migrationspolitischer Interessensvertreter auch immer wieder Abgeordneten einen Besuch abstattete, um mit ihnen über eine mögliche Anpassung von gesetzlichen Regelungen zu sprechen. Über die Wochen und Monate verschwamm teilweise die berufliche Ebene, auf der wir uns ursprünglich begegneten, mit einem kaum greifbaren zwischenmenschlichen Element. Es war keine gewöhnlich freundschaftliche Verbindung, sondern eher etwas ganz Eigentümliches. Die berufliche Nähe in diesem intensiven, komplexen parlamentarischen Betrieb brachte auch ein Gefühl von engerer persönlicher Bindung mit sich, die ich gleichzeitig als wohltuend und trügerisch empfand.

Es gehört zu der von vielen Autor*innen und Insider*innen beschriebenen Wahrheiten des politischen Betriebs, dass für persönliche Freundschaften und private zwischenmenschliche Beziehungen außerhalb der Politik wenig Raum bleibt.[19] Das politische Arbeiten ist so intensiv, zeitlich wie mental und emotional, dass es das Leben von Abgeordneten und vielen weiteren im Politikbetrieb fast vollständig verschlingt. So werden aus beruflichen Begegnungen schnell auch eben sehr nahe zwischenmenschliche Gespräche, zumal nach ein paar Bier oder Wein – einfach, weil das Bedürfnis danach allerorten verständlicherweise sehr groß ist.

Aus dieser Zeit bleibt mir vor allem eines in Erinnerung: Die Ohnmacht, die viele Abgeordnete in ihrem Amt verspüren. In ihren Wahlkreisen sind sie zentrale, teils fast heldenhafte Figuren, die zu sämtlichen Feierlichkeiten geladen und häufig Gegenstand medialer Berichterstattung sind. Hieraus speist sich oft eine gewaltige Erwartungshaltung der Bürger*innen und Parteifreund*innen vor Ort. Im Parlament jedoch sind sie, so wie auch der von mir beratene Abgeordnete, nur eine*r von vielen. In dem stark arbeitsteiligen, fast »mechanisch« arbeitenden Bundestag sind sie im Normalfall nur für ein paar wenige Themen als sogenannte *Berichterstatter*innen* zuständig. Auch hier gilt jedoch das Primat des Fraktionsvorstandes und der Minister*innen beziehungsweise Staatssekretär*innen. Zu den »großen Linien« der Politik sollen die »einfachen Abgeordneten« eigentlich möglichst gar keine öffentliche Stellung beziehen – das ist der Regierung, vor allem natürlich der Kanzler*in sowie den Partei- und Fraktionsvorsitzenden vorbehalten. Zwar können sie sich intern bei Fraktionssitzungen zu Wort melden und die Linie des Fraktionsvorstandes kritisieren. Hierbei müssen sie jedoch sehr vorsichtig vorgehen, um nicht als »Nestbeschmutzer*innen« oder »Querulant*innen« zu gelten und in der Folge um ihren politischen Einfluss und womöglich gar ihre erneute parteiinterne Nominierung für eine aussichtsreiche Kandidatur oder einen vorderen Listenplatz bangen zu müssen.

Hoffnung in der »Gesetzesfabrik«?

In der Zeit, in der ich im Bundestag arbeitete, begannen auch Fridays for Future (FFF) mit ihren Demonstrationen. Um für mehr Klimaschutz zu demonstrieren, versammelte sich nun regelmäßig eine stetig wachsende Anzahl an Schüler*innen und jungen Studierenden vor dem Kanzleramt – und damit auch direkt neben dem Paul-Löbe-Haus (wenig später wurde der Invalidenpark vor dem Bundeswirtschaftsministerium der zentrale Ort dieser Kundgebungen). Immer wieder schaute ich freitags bei den Demos vorbei und war oft inspiriert von den klugen, eloquenten Reden, die dort gehalten wurden. Wenn ich danach wieder in den tiefen Bauch des Paul-Löbe-Hauses aus Sichtbeton, Stahl und Glas eintauchte, fiel mir immer schnell der starke Kontrast zwischen »da draußen« und »hier drinnen« auf. Die dicken Glasscheiben des Hauses dämpften die Geräuschkulisse von draußen massiv, sodass kaum etwas von der Demo zu hören war. An Freitagnachmittagen war das Haus zudem in der Regel schon fast gespenstisch still. Die meisten Abgeordneten waren bereits auf dem Weg zurück in ihre jeweiligen Wahlkreise, nur vereinzelt liefen noch Mitarbeitende über die Flure.

Nachdem ich ja »gerade noch« selbst zivilgesellschaftlicher Interessensvertreter für die Refugee Law Clinics gewesen war, fühlte ich mich den Demos von Fridays for Future stilistisch häufig mehr zugehörig als diesem nüchternen Kosmos der »Gesetzesfabrik« Bundestag. Ich konnte dieses Gefühl damals nicht ganz greifen, heute in der Rückschau und mit etwas Zeit fällt es mir leichter.

Nach meinem Verständnis ist Politik immer eine zutiefst persönliche, emotionale Angelegenheit. Unser Antrieb, für eine konkrete Position einzustehen oder ein bestimmtes Vorhaben voranzutreiben, speist sich aus den Werten, Vorprägungen und Erfahrungen, die wir in unserem Leben gesammelt haben. Wenngleich nicht immer bewusst, so in jedem Fall unterbewusst. Natürlich gehört zur Gesetzgebung ein eher technischer Prozess des Ausverhandelns verschiedener Konfliktlinien und letztlich des Bildens eines tragfähigen Kompromisses dazu. Doch was ich im Parlament in seinen langen Ausschuss-, Arbeitsgruppen- und Fraktionssitzungen häufig vermisste, war die persönliche Leidenschaft, mit der für die eigenen Positionen gestritten wurde. Von den Fraktionsführungen über die Abgeordneten bis hin zu den Mitarbeitenden schienen sich fast alle in diesem Haus mit der mechanischen Natur der Gesetzgebung abgefunden zu haben. Gesetze, so wirkte es, waren für viele mehr oder wenig »logische« Ergebnisse aus den Verhandlungen von inhaltlichen Punkten (den sogenannten »Spiegelstrichen«) auf der einen und der anderen Seite. Jede brachte ein paar Punkte ein, dann wurde abgewogen, das Für und Wider diskutiert und schließlich heraus kam das Gesetz. Für persönliche Überzeugungen und Frustrationen war dann höchstens einmal hinter verschlossener Tür im Abgeordnetenbüro oder abends nach dem ein oder anderen Getränk Platz.

Verließ ich die »Fließbänder« dieser »Gesetzesfabrik« und trat an einem Freitagmittag hinaus auf den Vorplatz des Paul-Löbe-Hauses, direkt vor das Kanzleramt, oder schlenderte die paar Minuten hinüber zum Invalidenpark, erlebte ich dort plötzlich, was ich immer als Kern von Politik verstanden hatte. Es wurde mit Überzeugung, Leidenschaft und Feuer für die eigene Position geworben. Herausforderungen wurden klar benannt, sodann immer der Bogen hin zu konkreten Lösungsansätzen gespannt. Am Ende einer einzelnen Rede wie auch der Demo insgesamt war den Teilnehmenden klar: Es muss etwas passieren und wir wissen auch, was.

Ich war daher gleichermaßen gespannt und auch hoffnungsvoll, was die Proteste der Klimabewegung bewirken würden. Jenseits persönlicher politischer Präferenzen ist es schlicht ein wissenschaftlicher Fakt, dass wir dringend weniger klimaschädliche Gase produzieren müssen, wenn wir wollen, dass unser Planet für Menschen bewohnbar bleibt. Die wissenschaftlichen Erkenntnisse sind hier so zahlreich und gefestigt, dass es eigentlich keinen Zweifel gibt – und auch überparteilich nicht geben dürfte –, was zu tun ist.

(Eigentlich. Denn wie wir bereits im ersten Kapitel dieses Buches sahen, hatten die Demonstrationen von Fridays for Future zwar zwischenzeitlich die Bundesregierung unter Angela Merkel dazu gebracht, im Dezember 2019 das Klimaschutzgesetz zu verabschieden. Sobald der öffentliche Druck nachließ, wurde das Gesetz jedoch relativiert und seine Zielvorgaben für einzelne Sektoren abgeschafft, was allgemein als *Aufweichung* dieses eigentlich als zentrales Klimaschutzinstrument eingeführten Gesetzes gedeutet wurde.)[20]

Mit diesen Gedanken im Kopf und der Hoffnung auf einen politischen Aufbruch im Bauch saß ich wenig später wieder auf dem Sofa im Abgeordnetenbüro. Nachdem wir einige Gesetzesvorlagen diskutiert hatten, sprach ich die FFF-Demos an und teilte meinen Enthusiasmus über die zehntausendfache Mobilisierung von jungen Menschen für das Jahrhundertvorhaben Klimaschutz. Die spontane Reaktion des Abgeordneten sollte noch lange in mir nachhallen und dort einiges auslösen. Ich würde mich über die Wochen und Monate danach zunächst irritiert, dann frustriert sowie zweifelnd und schließlich angespornt und zum Handeln entschlossen fühlen. Im Büro damals reagierte ich – ziemlich perplex – mit einem verlegenen Lächeln und zog eine kleine Grimasse. Er hatte gesagt: »Wenn die jetzt da draußen demonstrieren, was bringt mir das hier drinnen?« Was war das für eine seltsame Mischung aus Abkoppelung und Resignation.

Unsere Besprechung endete kurz darauf und ich machte mich auf den Weg nach Hause. In den Gängen des Reichstags, draußen auf dem Gehweg und in der S-Bahn nach Hause ging mir dieser Satz nicht aus dem Kopf. Ich wusste noch nicht viel mit ihm anzufangen, doch es war klar, dass er etwas in mir in Bewegung gesetzt hatte. Ich fing an zu grübeln. Wenn nun also dort draußen Zehntausende Menschen aktiv werden, sich organisieren, vorbereiten, treffen und regelmäßige Demonstrationen abhalten, dann können die Abgeordneten des Deutschen Bundestages damit nichts anfangen? Was hat das für eine Konsequenz für die Funktionsweise unserer Demokratie und unserer Gesellschaft? Ist nicht, wie wir es bereits im ersten Kapitel besprochen haben, die gesamte Arbeit der organisierten Zivilgesellschaft darauf ausgerichtet, unsere Gesetzgeber*innen zu erreichen? Und was läuft eigentlich im Parlament und unseren Parteien schief, wenn ein Abgeordneter, als gewählter Repräsentant des Volkes, sich so fühlt?

So wird das nichts mit unserer Demokratie: Wenn »gute Gespräche« kaum etwas ergeben

Ein Blick in die Verfassung ist an dieser Stelle aufschlussreich. Nach Artikel 38 Absatz 1 Satz 2 des Grundgesetzes herrscht der Grundsatz des sogenannten »freien Mandats«. Die Verfassung formuliert es so, dass Abgeordnete »Vertreter des ganzen Volkes« und »an Aufträge und Weisungen nicht gebunden«, sondern »nur ihrem Gewissen unterworfen« sein sollen. Die Mitglieder unseres Bundestages sollen also zu jedem Zeitpunkt frei entscheiden können, wie sie sich zu einem konkreten Gesetzesvorhaben positionieren und darüber abstimmen wollen. Als Vertreter des gesamten Volkes müssten sie naturgemäß auch jederzeit in der Lage sein, zu allen möglichen inhaltlichen Aspekten und Gesetzesvorhaben Stellung zu beziehen und sich einzubringen. Ihr Gewissen, das sich regelmäßig vor allem aus ihren persönlichen Erfahrungen und Werten speisen wird, soll die oberste Leitlinie ihres Handelns sein. Weisungen oder Aufträge, etwa von der Regierung, der Parteiführung oder eines Fraktionsvorsitzenden sind nicht vorgesehen beziehungsweise sollen für die Abgeordneten jedenfalls nicht verbindlich sein. Soweit das verfassungsrechtliche Ideal, das die Väter sowie die beiden Mütter unseres Grundgesetzes unserer Republik mit auf den Weg gegeben haben.

Die Realität sieht indessen ganz anders aus. Im Gegensatz zum »freien Mandat« dominiert das Parlament vor allem ein anderer prominenter Grundsatz. Es ist der sogenannte »Fraktionszwang«. Hierunter wird für gewöhnlich verstanden, dass sich Abgeordnete eben doch konkreten Zwängen unterworfen sehen – nämlich im Sinne und Interesse ihrer Fraktion abzustimmen. Was genau die Linie der Fraktion ist, bestimmt der Fraktionsvorstand beziehungsweise der oder die Vorsitzenden. Anders als das »freie Mandat« ist der Fraktionszwang nirgends in einem Gesetzestext festgehalten, schon gar nicht in unserer Verfassung. Es handelt sich um eine reine parlamentarische Gewohnheit, die sich über die Jahrzehnte in unserer Republik nach und nach eingebürgert hat. Sie wird gemeinhin einfach als vermeintlich unumgängliche Tatsache hingenommen.

Natürlich hat der Fraktionszwang auch eine überaus nachvollziehbare Funktion – er soll politische Stabilität gewährleisten, indem die inhaltliche Mehrheitsfindung in die Fraktionen verlagert und sodann im Gesamtparlament geschlossen abgestimmt wird. Nach meinen Beobachtungen ist er jedoch zugleich der Rahmen der Ohnmacht, die die Abgeordneten in ihren Ämtern allzu häufig verspüren. Ganz gleich, welche Impulse von außen per Demonstrationen, Medienbeiträgen oder Social-Media-Postings an sie herangetragen werden – sie sehen ihren Handlungsspielraum, diese aufzugreifen oder gar umzusetzen, von vorneherein als äußerst begrenzt an. Denn letztlich könne das nur die Fraktionsführung, der Fraktionsvorsitzende, die Ministerin oder gar die Kanzlerin entscheiden. Sie selbst hätten da kaum etwas mitzureden.[21]

Verstärkt wird dieser Effekt zudem meist noch durch die ebenfalls politische Gewohnheit gewordene Praxis, das Programm einer neuen Regierung im Wesentlichen in *Koalitionsverträgen* festzuschreiben. Auch diese sind als solche nirgends gesetzlich vorgesehen, schon gar nicht im Grundgesetz. An den entsprechenden Verhandlungen, die meist nur wenige Wochen dauern, sind neben anderen Parteifunktionär*innen in der Regel nur ein Bruchteil der Abgeordneten der künftigen Regierungsfraktionen beteiligt. Die übrigen, unbeteiligten Abgeordneten müssen in der verbleibenden Wahlperiode dann also womöglich eine Programmatik nach außen vertreten, die sie selbst gar nicht mit ausgehandelt haben – die jedoch innerhalb der Koalition mehr oder minder unverrückbar als gesetzt gilt.

Dementsprechend verwirrt und enttäuscht bleiben auch viele zivilgesellschaftliche Interessensvertreter*innen zurück, wenn sie sich mit Abgeordneten zu einem inhaltlichen Austausch treffen. Ich habe diese Gespräche von beiden Seiten erlebt – als zivilgesellschaftlicher Akteur und als Teil des Parlamentes in meiner Rolle als Berater von Abgeordneten. Sie laufen meist nach einem sehr ähnlichen Muster ab:

Erst einmal bemüht sich die jeweilige Vertreterin der Zivilgesellschaft (sie kann aus Umweltverbänden, einer Gewerkschaft, einer aktivistischen Initiative oder einer sonstigen Interessensgruppe kommen) meist über einen Zeitraum von mehreren Wochen oder Monaten um einen Termin. Die Terminkalender der Abgeordneten sind überfüllt mit Ausschusssitzungen, Treffen partei- beziehungsweise fraktionsinterner Arbeitsgruppen, Wahlkreisterminen, Landesgruppen- und Flügel-Treffen sowie einem bunten

Strauß an sonstigen Frühstücks-, Mittags- und Abendveranstaltungen, mal mit Keynote-Rede oder Panelteilnahme, mal mit Galadinner, mal mit Steh-Currywurst. So kann es durchaus passieren, dass ein Austausch mit einer zivilgesellschaftlichen Gesprächspartnerin für einen Termin in drei bis vier Monaten anberaumt wird. In diesem langen Zeitraum wächst bei dieser nach und nach die Aufregung. Der Termin wird inhaltlich vorbereitet, das heißt, es werden Studien und Berichte gelesen und ausgewertet, zentrale Punkte herausgearbeitet und so die wichtigsten Botschaften für das Gespräch festgehalten. Nicht selten sind zwei, drei, vier oder gar mehr Personen in diese Vorbereitungen einbezogen. Ist der Tag endlich gekommen, begibt man sich rechtzeitig, meistens sehr viel zu früh, an die vereinbarte Pforte des Bundestages, wo die Abgeordnete die Interessensvertreterin zuvor angemeldet hatte. Dort passiert sie die Sicherheitsschleuse, wird von einer Mitarbeiterin abgeholt und sitzt dann bald auf einem schwarzen Kunstledersofa oder einem ähnlichen Sitzmöbel im Büro der Abgeordneten. Das Gespräch und der Austausch dauern, je nach Verfügbarkeit der Abgeordneten, meist zwischen zwanzig und sechzig Minuten. Die Abgeordnete hört für gewöhnlich aufmerksam zu, nimmt die Punkte mit Interesse auf und die zivilgesellschaftliche Vertreterin verlässt das Parlament nicht selten mit dem Gefühl, hier wirklich auf offene Ohren gestoßen zu sein und etwas für das eigene Anliegen erreicht zu haben. Gespannt auf die weiteren Entwicklungen und ein wenig stolz holt man das zuvor als Kaution für den Besucherausweis hinterlegte Personaldokument bei der Pforte ab und begibt sich wieder auf die Straßen Berlins. Man kann zufrieden sein, schließlich hat man die eigenen Punkte gut klargemacht und sie wurden von der Abgeordneten offensichtlich auch verstanden. Zudem hatte ihr Mitarbeiter sich sehr aufmerksam Notizen gemacht – noch ein gutes Zeichen. Oder?

Cut. Die schwere Eichenholztür des Abgeordnetenbüros schließt sich. Nach dem Austausch freundlicher Floskeln, einem Dank für ihr Engagement und festem Handschlag wurde die Gesprächspartnerin der zivilgesellschaftlichen Organisation verabschiedet. Die Abgeordnete ist wieder mit ihren Mitarbeiter*innen allein.

Häufig äußert ein Mitarbeiter oder die Abgeordnete direkt im Anschluss an solch ein Treffen einen Satz wie: »Ist ja völlig unrealistisch, was die sich vorstellen.« Der Mitarbeiter der Abgeordneten hat dies der Interessensvertreterin natürlich nicht direkt so gesagt, als sie noch im Gespräch waren. Schließlich sollte der Zivilgesellschaft gezeigt werden, wie ernst ihre Anliegen genommen werden.

Nicht selten schließt sich an solch eine Äußerung dann ein kurzer Austausch der Abgeordneten mit ihren Mitarbeitenden an, bei dem die eigene empfundene Ohnmacht deutlich wird. Die Vertreterin hätte ja durchaus einen Punkt mit ihrem Anliegen. Wenn man sich aber vor Augen halte, wo der Fraktionsvorstand inhaltlich stehe und überhaupt die Ministerin, dann seien einem die Hände gebunden. Vielleicht könnte die Abgeordnete den Punkt mal mit einer besonders eng verbündeten Kollegin besprechen, mit der sie häufig sehr vertrauensvoll spricht. Sehr viel mehr als das könne sie aber beim besten Willen nicht unternehmen.

So oder so ähnlich versickern im Deutschen Bundestag mutmaßlich in jeder Sitzungswoche Tausende inhaltliche Impulse der Zivilgesellschaft.

Dass die Abgeordneten nichts mit diesen Impulsen anzufangen wissen, liegt daran, dass sie sich den beschriebenen Zwängen ausgesetzt sehen. Im Konzept des »Fraktionszwangs« bündeln sich die gesamten machtpolitischen Interessen einer Fraktion beziehungsweise letztlich der ganzen Partei. In diesen Strukturen wurde intern über Jahre oder Jahrzehnte eine bestimmte Positionierung diskutiert und festgelegt. Als oberste Repräsentant*innen ihrer Parteien sind die Partei- und Fraktionsvorsitzenden und, wenn vorhanden, Minister*innen in letzter Konsequenz immer tonangebend. Für einen Newbie im parlamentarischen Betrieb ist es daher spannend, nach und nach zu begreifen, wie klein (und noch immer meist männlich) die Zirkel letztlich sind, in denen wirklich die Leitlinien der Politik entschieden werden. Häufig ist es die Kanzler*in mit ihren engsten ein bis zwei Berater*innen. Oder ein Minister und ein stellvertretender Fraktionsvorsitzender. Im Fall der Ampel-Koalition trafen quasi alle zentralen Entscheidungen Olaf (Scholz), Robert (Habeck) und Christian (Lindner). Und bei Schwarz-Rot sind es wohl Friedrich (Merz) und Lars (Klingbeil), zudem Jens (Spahn) und Matthias (Miersch) sowie gegebenenfalls noch Alexander (Dobrindt) mit einer Standleitung zu Markus (Söder).

Das heißt nicht, dass solche Gespräche mit Abgeordneten grundsätzlich sinnlos wären. Es ist wichtig für die Zivilgesellschaft, ihre inhaltlichen Anliegen im richtigen Moment an den richtigen Stellen zu platzieren. Dies gilt umso mehr, da Lobbyist*innen von Konzernen und Wirtschaftsverbänden ein Vielfaches an Ressourcen zur Verfügung stehen, um die von ihnen repräsentierten Profitinteressen zu vertreten. (Insofern ist es besonders bedauerlich, wenn die *gemeinwohlorientierten* Anliegen der Zivilgesellschaft nicht aufgenommen werden. Die Wirtschafts-Lobbyist*innen haben meist sehr viel häufiger Gelegenheit zum Austausch mit einer Abgeordneten. Zudem setzen sie Monitoring-Tools und -Teams ein, um ständig nachzuverfolgen, wann sich eine günstige Gelegenheit bietet, um einen inhaltlichen Impuls bei den Abgeordneten unterzubringen. Wenn also ein Gespräch im Büro nicht direkt Ergebnisse bringt, ist das nicht so schlimm – man sieht die Ministerin ja schon nächste Woche beim firmeneigenen Gala-Empfang wieder und kann da das Thema noch einmal aufgreifen.)

Diese Gespräche wären jedoch so viel produktiver – für die Zivilgesellschaft, die Abgeordneten, für die Gesellschaft –, wenn hier Klartext gesprochen werden würde. Der Ausspruch des MdB-Mitarbeiters (»Ist ja völlig unrealistisch, was die sich vorstellen.«) ist letztlich nichts anderes als eine Einordnung des zivilgesellschaftlichen Anliegens in das aktuelle machtpolitische Szenario in Parlament, Partei und Regierung. Diese Informationen behalten parlamentarische und parteipolitische Akteur*innen meist für sich. Dabei wären sie für die Zivilgesellschaft ebenfalls äußerst wertvoll, um zu verstehen, welche Chancen der Durchsetzung ihre Anliegen überhaupt nach Einschätzung der Politiker*innen haben.

Teilen politische Akteur*innen diese Informationen nicht mit ihren Gesprächspartner*innen, so trägt das ganz wesentlich dazu bei, dass sich die empfundene »Kluft« zwischen Zivilgesellschaft und Partei – beziehungsweise Straße und Parlament – vergrößert. Die zurückhaltende Kommunikation an dieser Stelle kostet Vertrauen in unser parlamentarisches System. Denn wie wird sich die zivilgesellschaftliche Vertreterin fühlen, wenn sie mehrere Monate nach dem doch eigentlich »guten Gespräch« mit der Abgeordneten feststellen muss, dass sich überhaupt nichts getan hat und Fraktion, Partei und Ministerin nach wie vor auf demselben Standpunkt stehen und das Anliegen nicht aufgegriffen haben?

Um es an dieser Stelle drastisch zu formulieren: Unsere Demokratie wird nicht überleben, wenn unser Standardverfahren politischer Beteiligung »gute Gespräche« sind, aus denen sich nichts bis allenfalls wenig ergibt.[22] Die miserablen Zustimmungswerte zu den pro-demokratischen beziehungsweise in Bund und Land regierenden Parteien sprechen eine eindeutige Sprache. Im

Herbst 2024 gaben nur 32 Prozent der Deutschen an, politischen Parteien »eher zu vertrauen«.[23] Wie soll auch Vertrauen entstehen, wenn in vertraulichen Gesprächen nicht die tatsächliche Gemengelage erörtert und aufrichtig kommuniziert wird?

Wiederum ist dieses Verhalten nicht den einzelnen Abgeordneten oder Mitarbeitenden anzulasten. Es ist vielmehr auf die in unseren Parlamenten und Parteien herrschende »politische Kultur« zurückzuführen, an denen diese sich orientieren beziehungsweise in denen sie sozialisiert wurden. Schauen wir uns diese politische Kultur einmal genauer an.

Männer in Bars

Nach meinem Umzug nach Berlin fing ich nicht nur an, im Bundestag zu arbeiten, sondern verbrachte auch immer wieder meine Abende und ein paar Wochenenden im Ortsverband einer Partei. Die Rituale und Abläufe, die sich in einem kirchlichen Gemeindehaus im Berliner Südwesten Woche für Woche abspielten, waren mir aus meinen Hochschulgruppen-Zeiten in Heidelberg noch halbwegs bekannt. Bei Kaffee, Apfelschorle und Keksen wurde auch hier sowohl über Organisatorisches als auch ab und an über inhaltliche Anträge und Positionierungen diskutiert. Einen bedeutenden Unterschied jedoch gab es – die Teilnehmenden waren fast ausschließlich über 50 Jahre alt, die meisten von ihnen in ihren 60ern oder 70ern.

Meine auch hier anfänglich wieder vorhandene Verlegenheit und die Irritation über die parteiinternen Gepflogenheiten und Inside-Jokes wich in diesem Fall recht schnell einer gewissen Neugierde, wie diese »alten Hasen« sich eigentlich organisieren und »Politik machen«. Die Sitzungen selbst waren häufig als offene Diskussionsrunden gestaltet, bei denen jede*r zu Wort kommen konnte. Die Gesprächsthemen waren oft ein bunter Strauß aus aktuellem Tagesgeschehen, wie es den Medien entnommen werden konnte, parteiinternen Angelegenheiten die Landes- und Bundespartei betreffend sowie lokale Themen, die die örtlichen Bezirksbürgermeister*innen und in Berlin sogenannte »Bezirksverordnete« (das sind die Abgeordneten in den lokalen Bezirksparlamenten) beschäftigten wie etwa die Renovierung einer Schule oder der Bau eines neuen Fahrradweges. Bei allem ehrlichen Interesse an dem Austausch mit den anderen Sitzungsteilnehmer*innen konnte ich mich nach einiger Zeit des Eindrucks nicht erwehren, dass die Diskussionen wie eine Art »Beschäftigungstherapie« wirkten. Auch hier kam es kaum je inhaltlich zum Punkt, Anträge (an die Bundes-, Landes- und Kreisvorstände beziehungsweise im Vorfeld von Parteitagen) wurden in absoluten Ausnahmefällen besprochen und beschlossen und wiederum blieb nach den Sitzungen weitgehend unklar, welche Konfliktlinien innerhalb des Kreisverbandes beziehungsweise der Landespartei herrschten, welches Personal für die Kandidaturen und Delegiertenposten infrage kam, ob es hier einen Wettbewerb gab und wenn ja zwischen wem oder wie man sich zu anstehenden Parteitagen positionieren wollte.

Nach einigen Wochen fiel mir auf, dass der Vorsitzende des Ortsverbandes regelmäßig mit mehr oder weniger denselben Personen nach der Sitzung noch in die Bar nebenan weiterzog. Bei der nächsten Gelegenheit ging ich einfach mit. Wieder war ich recht verlegen, denn das Tischgespräch drehte sich zu großen Teilen um Namen, die mir nichts sagten, und um alte Anekdoten aus der Parteiarbeit – wann wer was gesagt oder einen Aufsatz irgendwo veröffentlicht hatte. Teilweise war es ziemlich ermüdend und nach den Sitzungen, die immer um 19 Uhr anfingen, auch schon recht spät, häufig 22 Uhr oder 23 Uhr. Doch je länger ich dabei war und Teil der kleinen Runde wurde, desto häufiger waren zwischendrin spannende Sachen dabei. In einem Nebensatz fiel ab und zu die Information, wer sich wann und wo um ein Amt bewerben wollte, ob man die Person unterstützen sollte oder nicht und wo sie inhaltlich stand. Auch wurde darüber gesprochen, welche Chancen welcher inhaltliche Antrag beim Parteitag haben könnte, wer sich dafür und dagegen positionierte, was vermutlich die zentralen Argumente sein würden, an denen sich die Debatte entscheiden werde etc. pp. Aha, dachte ich mir auf dem Rückweg nach einem dieser Abende, hier wird also »Politik gestaltet«.

Je später die Abende wurden, desto interessanter und aufschlussreicher waren häufig auch die Gespräche. War es bei der Sitzung zuvor noch weitestgehend um allgemeine Diskussionen ohne großen Erkenntnisgewinn gegangen, konnten die Teilnehmenden dieser Runde – meist waren es maximal fünf bis sechs Personen – einen echten Einblick in das Innenleben der Partei mitsamt ihrer Machtstrukturen, unsichtbaren Netzwerke und persönlichen Abhängigkeiten gewinnen. Noch etwas fiel mir dabei auf. War bei den regulären Sitzungen das Geschlechterverhältnis noch relativ ausgeglichen, etwa 50:50 Frauen und Männer, waren in diesen kleinen vertraulichen Runden in der Bar fast ausnahmslos Männer dabei, ab und an mal eine einzige Frau.

Diese Abende waren, insbesondere rückblickend, sehr aufschlussreich für mich. Gespräche mit Freund*innen und Bekannten, die sich andere Parteien genauer angesehen hatten, bestätigten mir, dass dort ähnliche Dynamiken und Rituale herrschten. Selbstredend gibt es bei jeder Partei besondere Selbstverständnisse – manche bemühen sich etwa stärker um die Gleichberechtigung der Geschlechter oder haben den Anspruch, machtpolitische Prozesse transparenter zu gestalten. Jenseits dieser

Ansprüche sind die Abläufe dennoch von Partei zu Partei sehr ähnlich. Kleine, informelle Zirkel, in denen entscheidende Informationen geteilt werden, spielen überall eine Rolle. Es handelt sich dabei um das sogenannte »informelle *Herrschaftswissen*«, das man braucht, um selbst auf die Entscheidungen einer Partei Einfluss nehmen zu können. Man muss wissen, wer die wichtigsten Akteur*innen sind, wer wie positioniert ist, wer sich wie gut zwischenmenschlich miteinander versteht, welche Konfliktlinien es gibt, welche Vorgeschichte eventuell Einfluss nehmen könnte auf eine inhaltliche Entscheidung und natürlich, wer wie zu einem selbst als Person und parteiinterner Akteur*in steht.

Alte Gepflogenheit: Ämter sammeln

Verfolgt ein Parteimitglied nun das Ziel, ein Mandat in einem Landes-, dem Bundes- oder Europaparlament zu ergattern, ergeben sich aus dieser Logik konkrete Handlungsanweisungen. Die Kandidatin in spe muss sich eine »Machtbasis« bauen, also möglichst viele Mitglieder der Partei dazu bringen, sie zu unterstützen. Zwischenmenschliche Beziehungen erhalten hierdurch eine neue Bedeutung – sie sind zugleich der Garant für die eigene politische Laufbahn. Doch wie wir alle wissen, können Dynamiken zwischen Menschen sehr flüchtig und schnell veränderlich sein. Wie kann die potenzielle Kandidatin also dafür sorgen, dass sie sich auf die Unterstützung auch wirklich langfristig verlassen kann? Wie kann sie ihre Machtbasis verfestigen?

Nach der internen Logik von Parteien funktioniert das meist über Wahlen in bestimmte parteiinterne Rollen. Dies können Rollen als Vorsitzende von Ortsverbänden, Arbeitsgruppen, in erweiterten oder geschäftsführenden Kreis- oder Landesverbänden oder als Delegierte bei Parteitagen sein. Gerade letztere Funktion ist naturgemäß eine zentrale. Denn die Delegierten haben das letzte Wort, sie entscheiden auf entsprechenden sogenannten Aufstellungs- oder Nominierungsparteitagen, wer am Ende für Lokal-, Landes-, Bundes- und Europaparlament kandidiert. Will die mögliche Kandidatin sich also in eine dauerhaft aussichtsreiche Position in diesem Wettbewerb bringen, so ist es nach den internen Gepflogenheiten der meisten Parteien der normale Weg, möglichst viele solcher Ämter und Rollen zu sammeln. Wenn sie also Ortsverbandsvorsitzende geworden ist, lässt sie sich auch in den Kreisvorstand, gegebenenfalls auch zur Kreisvorsitzenden wählen. Auch eine führende Rolle im Landesvorstand, etwa als Stellvertreterin wäre natürlich von Vorteil. Denn indem sie diesen Gremien angehört, hat sie automatisch auch Zugriff auf alle internen Informationen, die dort ausgetauscht werden. Ihr informelles Herrschaftswissen erweitert sich – sie weiß mehr als andere über zwischenmenschliche und inhaltliche Dynamiken in ihrer Partei.

Diese Gepflogenheiten, diese politische Kultur, die so oder ähnlich in den meisten Orts-, Kreis- und Landesverbänden ganz gleich welcher Partei vorherrschen, bringen, neben einigen weiteren, vor allem ein zentrales Problem mit sich. Wer Ämter sammelt, um sich hierdurch eine Machtbasis für die eigene politische Karriere zu schaffen, gerät in einen Konflikt mit den Aufgaben, die sie oder er in diesem Amt eigentlich zu erfüllen hätte. Denn wäre es nicht eigentlich Aufgabe der Kreis- oder Landesvorsitzenden, ihre Mitgliedschaft in den Blick zu nehmen und jene Mitglieder zu fördern, die sich besonders gut als Vertreter*innen der jeweiligen Wahlkreise eignen würden? Wenn sie es nicht tun, wer tut es dann?

Leider viel zu häufig niemand. Denn wer aus der Logik heraus ein Amt anstrebt, es vor allem für das Schaffen oder Erhalten einer eigenen Machtbasis zu nutzen, wird nicht zwangsläufig die überzeugendsten, authentischsten und gestaltungswilligsten Personen fördern – sondern vor allem jene, die sich gut mit ihm oder ihr gestellt haben und die folglich *verlässlich* wirken. Sie wird auch nicht die inhaltlichen Impulse aus der Partei oder der Zivilgesellschaft aufgreifen, die besonders wichtig oder wirkmächtig sind – sondern jene, die der eigenen Machtbasis förderlich oder zumindest nicht schädlich sind. Denn lohnt es sich wirklich, sich jetzt für die unpopuläre Maßnahme im Wahlkreis einzusetzen, die viele Wähler*innen zwar begrüßen würden, gegen die die Landesvorsitzende sich aber öffentlich bereits ausgesprochen hat? Für das eigene Fortkommen in der Partei und das Erringen eines Mandats vermutlich nicht.

Die meisten Abgeordneten im Deutschen Bundestag verdanken ihr Mandat der Tatsache, dass sie diese politische Kultur verinnerlicht haben und die parteiinternen Gepflogenheiten virtuos umzusetzen wissen. Sie sind daran gewöhnt, in öffentlichen, größeren Runden eher über allgemeine Dinge, die tägliche Nachrichtenlage, vielleicht auch mal das Waffeleisen oder den Glühweinstand zu sprechen und nur in kleinen, vertraulichen Runden über die Dinge, die wirklich machtpolitisch relevant sind. Nur weil sie in der Lage waren, diese Ebenen klar voneinander zu trennen und sich so an die ungeschriebenen Gesetze ihrer Partei zu halten, konnten sie ihre Parteikarriere mit dem prestigeträchtigen Bundestagsmandat krönen.

Patriarchale innerparteiliche Logiken

Vor diesem Hintergrund verwundert es kaum, dass Abgeordnete und ihre Mitarbeitenden (die häufig selbst in der jeweiligen Partei aktiv sind) mit zivilgesellschaftlichen Gesprächspartner* innen nicht alle Informationen teilen, die ihnen durch den Kopf gehen – vor allem nicht jene, die zum »Herrschaftswissen« zählen, also partei- beziehungsweise fraktionsinterne Dynamiken in Bezug auf Inhalte und Personen betreffen. Leider bleiben diese partei- und parlamentsinternen Logiken nicht nur für die meisten Vertreter*innen der Zivilgesellschaft, sondern auch für die Wähler*innen verborgen. Dies verursacht großes Unverständnis in der Bevölkerung. Wieso gehen die Dinge derart langsam voran? Wenn die Politik doch immer wieder die großen Probleme eloquent in den Medien benennt, wieso handelt sie nicht endlich? Es werden doch auch überall die vorhandenen Lösungen angesprochen – warum sind diese noch immer nicht zur Umsetzung gekommen?

All dieses Unverständnis wird in der zurückhaltenden Kommunikation der meisten Abgeordneten gespiegelt. Es kommt zu einem sich verstärkenden Effekt – je mehr sie sich Druck von außen ausgesetzt sehen, desto mehr ziehen sie sich zurück und kommunizieren noch knapper oder eventuell gar nicht mehr.

Diese unsichtbaren Regeln unseres Politikbetriebs sorgen dafür, dass wir als Wähler*innen häufig frustriert und desillusioniert zurückbleiben. Wir schieben es auf die »Unfähigkeit« unseres politischen Personals, zürnen über dessen mögliche »Faulheit« oder spekulieren gar über »Korruption«. Und all diese Erklärungsansätze verstärken die Populist*innen von AfD und BSW gerne mit Halbwahrheiten und empörten Framings.

Das Traurige daran ist: Nichts davon ist wahr. Die allermeisten Abgeordneten, die ich in den letzten Jahren kennenlernen durfte, sind ziemlich solide, geerdete Menschen, die zu großen Teilen versuchen, ihren Job bestmöglich auszuüben und unsere Gesellschaft voranzubringen. Sie bewegen sich dabei jedoch in einem Parlaments- und Parteien-System, das von einer *patriarchalen politi-*

schen Kultur dominiert wird. Im Patriarchat ist derjenige am mächtigsten, der die meisten Ressourcen, den größten Einfluss auf sich vereinigen kann. Der Patriarch, ein Mann, vereint als Oberhaupt seiner Familie, seiner Ethnie oder seiner sonstigen Gruppe alle letztverbindliche Entscheidungsgewalt auf sich. Je mehr er davon hat, desto stärker ist er im Wettbewerb mit anderen Patriarchen, die ebenfalls die Ressourcen ihrer Gruppe auf sich vereinigen. Es ist daher legitim oder sogar überlebenswichtig, dass der Patriarch möglichst viele dieser Ressourcen und Einflussmöglichkeiten sammelt. Seine Gruppe unterstützt ihn, dieser Logik folgend, daher auch bei seinem Vorhaben – und akzeptiert die Vereinigung von einer großen Menge Macht in einer einzigen Person –, da sie sich so einen Vorteil gegenüber anderen Gruppen verspricht.[24]

Von dieser patriarchalen Logik ist unser politisches System nach meiner Wahrnehmung stärker dominiert, als uns klar ist. In einem patriarchalen System ist nur überschaubar viel Raum für erklärende oder transparente Ansätze. Denn der Patriarch ist für die Verfestigung beziehungsweise den Erhalt seiner Macht ja maßgeblich auf die intransparenten Verfahren, die ihn in diese Rolle gebracht haben, angewiesen. Da diese patriarchale Logik unsere politische Kultur zu großen Teilen ausformt, ist es weniger relevant, ob es sich bei den handelnden Personen um Männer, Frauen oder Menschen nicht-binären Geschlechts handelt. Sie alle sind denselben Logiken unterworfen, wenn sie innerhalb einer patriarchal geprägten Partei ein Mandat erwerben wollen. Selbst bei Parteien links der Mitte, die sich in besonderem Maße der Förderung von Gleichberechtigung und Geschlechtergerechtigkeit verschrieben haben und gewisse Vorbehalte, rückwärtsgewandte Anschauungen und moralisch-bürgerlich aufgeladene Vorstellungen bereits deutlicher hinter sich gelassen haben, sind diese Dynamiken zu beobachten. All dies weist darauf hin, dass der Einfluss unserer gesellschaftlichen Mechanismen, die seit Jahrtausenden patriarchal geprägt sind,[25] auch in diesen Parteien wirksam wird – schließlich sind wir alle mit ihnen vom Kindergarten an sozialisiert worden.

Die patriarchale politische Kultur in Parteien und Parlamenten ist also wohl mitverantwortlich für die zunehmende »Kluft« und das wachsende Misstrauen zwischen Bevölkerung und politischem Betrieb. Es gibt jedoch mindestens noch einen weiteren Faktor, der hierbei eine Rolle spielt.

Politik als »Management«

In meiner Zeit im Bundestag sorgte der Abgeordnete, für den ich tätig war, dafür, dass ich innerhalb der Partei eine gewisse Förderung erfuhr – ich erlebte das patriarchale System also auch am eigenen Leib und profitierte davon. Zwar war ich viel zu sehr »Newbie«, um für irgendeine Rolle infrage zu kommen, die mit realer Gestaltungsmacht einhergegangen wäre. Allerdings wurde mir das Privileg zuteil, ein Führungskräfteseminar der Partei zu durchlaufen. (Es gab natürlich ein unabhängiges Bewerbungsverfahren, in dem ich mich – wohl auch nicht zuletzt angesichts meines Engagements für die Refugee Law Clinics – durchsetzte. Natürlich wusste die Jury aber auch um meine Tätigkeit für den Abgeordneten und ich hätte ohne diesen nie von diesem Seminar erfahren.) Als Teil dieses Programms, das mit mir gemeinsam auch einige Bundestags- und Landtagsabgeordneten, Oberbürgermeister*innen und Landrät*innen sowie sonstige Funktionsträger*innen der Partei durchliefen, hatte ich vor allem die Gelegenheit, noch tiefer und breiter in die Funktionsweise der Partei Einblick zu erhalten und natürlich mich zu vernetzen.

Das Seminar sah vor, dass ich mich mit den anderen Teilnehmer*innen innerhalb eines Jahres viermal in einem Hotel am Rande Berlins treffen und dort mit ihnen unter anderem lernen durfte, wie ein professioneller Auftritt als Politiker*in gelingt, wie man sich in dieser Rolle selbstorganisieren kann und welche Garderobe bei der politischen Karriere dienlich sein könnte – ja, es gab tatsächlich auch eine Art »Stilberatung« dort, die uns etwa erklärte, wie ein gut sitzender Anzug oder ein passendes Kostüm auszusehen hatten.

Was mich jedoch nachhaltiger beschäftigte als die Kursinhalte, war das dem gesamten Führungskräfteseminar zugrundeliegende und mehrfach von den Dozierenden und Organisator*innen kommunizierte Verständnis, Politik sei im Wesentlichen eine besondere Form des »Managements«. Dementsprechend wurde uns als Teilnehmer*innen zu Beginn auch ein Standardwerk der Management-Literatur geschenkt, das den bezeichnenden Titel »Führen, Leisten, Leben«[26] trägt – da stünde eigentlich das Wichtigste drin, um erfolgreich Politik zu machen.

Zunächst wusste ich das nicht so richtig einzuordnen und fand es eigentlich einen ganz guten Tipp. Wieso nicht auch handwerklich etwas lernen, woran man sich dann tagtäglich bei der Arbeit in Parlament oder Partei orientieren kann? (Das uns geschenkte Buch behandelt Themen wie zum Beispiel gutes Sitzungsmanagement, die Erarbeitung von inhaltlichen Zielen, aber auch Leistungskontrolle und die Beurteilung von Angestellten.)

Mit der Zeit jedoch verfestigte sich in mir ein mulmiges Bauchgefühl: Wenn ein Buch, das »Management als Beruf« behandelt, als inhaltlicher Leitstern eines Seminars für aufstrebende Nachwuchspolitiker*innen genutzt wird, was folgt daraus für die politische Praxis? Welche gesellschaftlichen Effekte und konkreten Lebensveränderungen für die Menschen rufen »Politikmanager« hervor?

Die technokratische Falle

Ein anderer Begriff, um dieses Politikverständnis zu umschreiben, ist jener der *Technokratie*. Diesem Verständnis liegt, grob gesagt, zugrunde, dass es vermeintlich nur der »bestmöglichen« beziehungsweise »smartesten« Herangehensweise an eine Herausforderung bedürfe, dann ließen sich schon alle Probleme lösen.[27] Mit dieser Perspektive ist der politische Prozess dann im Wesentlichen das rational-technische Verfahren, eben die klügste Lösung zu finden – fast so, als gäbe es eine Art mathematischer Formel, die man nur mit den richtigen Zahlen befüllen müsste und heraus käme die korrekte politische Entscheidung oder das jeweilige Gesetz. Überzeugungen davon, was aus moralischen, ethischen oder sonstigen ideellen Gründen richtig und geboten ist, spielen hingegen nach diesem Verständnis eine untergeordnete Rolle.

Nach meiner Wahrnehmung über die Jahre ist dieses technokratische Politikverständnis in unseren Parteizentralen, Ministerien und Parlamenten weit verbreitet. Ihm ist zunächst zugutezuhalten, dass es sich zumindest darum bemüht, politische Entscheidungen auf Grundlage von wissenschaftlichen *Fakten* zu treffen. Zudem eröffnen die Technokrat*innen – mit ihrem analytischen Erkenntnisinteresse – auch immer Impulsen jenseits der Parteien die Möglichkeit, in derlei Entscheidungsprozesse mit einzufließen, zum Beispiel was wissenschaftliche Studien oder auch einmal zivilgesellschaftliche Reports betrifft. Es ist also immer noch allemal besser, von Technokrat*innen regiert zu werden als etwa von Populist*innen, die die Wahrheit gezielt zu zersetzen suchen und unsere Demokratie so untergraben wollen.

Gleichzeitig sehe ich, es wird Dir aufgefallen sein, liebe*r Leser*in, ein solches technokratisches Verständnis von Politik als problematisch an. Die Technokratie basiert auf der Hypothese, dass es auf dem vernunftbasierten Erkenntnisweg am Ende schon zu der angezeigten Entscheidung kommen werde. Aus meiner Sicht ist das eine Illusion. Denn Politik ist immer auch das Navigieren von Zielkonflikten. Entscheide ich mich für die Förderung eines lokalen Betriebs, kann dies nachteilige Effekte auf den Umwelt- und Klimaschutz haben. Führe ich durchgreifende Klimaschutzmaßnahmen ein, etwa einen hohen CO_2-Preis, so kann dies gerade für Menschen mit niedrigeren Einkommen eine soziale Härte bedeuten. Sprich, es geht in der Politik oft gar nicht so sehr darum, die »klügste Lösung« zu finden, sondern zu *entscheiden*, welches Anliegen im konkreten Einzelfall gerade Priorität genießen soll.

Politiker*innen, die sich als »Manager*innen« verstehen, laufen Gefahr, hinter ihrem Verhalten und ihrer Kommunikation zu verstecken, was genau eigentlich ihre zentrale Aufgabe ist – nämlich zu *entscheiden*. Sie zeigen sich dann öffentlich eher in einer Haltung, die die von ihnen getroffenen Entscheidungen als »alternativlos« und eben – im Sinne des technokratischen Verfahrens – als »logisch geboten« darstellen. Was sie jedoch dann regelmäßig nicht beziehungsweise viel zu selten tun, ist, ihre Entscheidungen beziehungsweise gerade die von ihnen vorgenommene Abwägung der unterschiedlichen Interessen auch öffentlich zu *erklären*. Denn zweifelsohne gibt es bestimmte Ähnlichkeiten zwischen der Rolle einer CEO eines großen Konzerns und der der Bundeskanzler*in. Der entscheidende Unterschied der Rollenbeschreibung jedoch ist, dass die CEO ausschließlich für die *Profitinteressen* ihres Konzerns zuständig ist – solange sie den sogenannten »shareholder value« maximiert, macht sie ihren Job. Die Kanzler*in hingegen ist für das gesamtstaatliche und -gesellschaftliche *Gemeinwohl* verantwortlich, für das »Wohl des deutschen Volkes«, wie es in der im Grundgesetz in Artikel 56 niedergeschriebenen Eidesformel heißt. Sie muss also sehr viel ganzheitlicher auf ihre Entscheidungen blicken. Zudem ist sie in einem viel größeren Maße von ihrem »Volk«, ihren Wähler*innen, abhängig – eine CEO muss in der Regel lediglich ihren Aufsichtsrat bei Laune halten, eine Kanzlerin will nach vier Jahren wiedergewählt werden, und das von circa 60 Millionen wahlberechtigten Deutschen.[28]

Der Ansatz von »Politik als Management«, der im politischen Berlin wie gesagt leider weit verbreitet zu sein scheint, läuft mithin Gefahr, das »Managen« beziehungsweise Verwalten in der Politik überzubetonen und dabei die Entwicklung großer, mutiger, visionärer Vorhaben mit einer gewissen Grundskepsis zu belegen. Und damit verschleppend, gar lähmend zu wirken. CEOs werden eben häufig eher jene Manager, die sich über Jahrzehnte innerhalb von Konzernstrukturen nach oben dienen und hierbei die Grundannahmen des Geschäftsmodells tief verinnerlicht haben. In der Politik brauchen wir jedoch gerade in solchen *transformativen* Zeiten, wie wir sie aktuell durchleben, auch Menschen, die den Status quo infrage stellen, sich zutrauen, die Dinge für uns alle besser zu machen und hierbei nicht vor weitreichenden Entscheidungen zurückschrecken.

Hinzu kommt – leider – noch ein weiterer Aspekt: Dieses technokratische Politikverständnis kann mit unserer patriarchalen politischen Kultur eine Art »unheilige Allianz« eingehen. Wenn dies passiert, wird die maximale Ansammlung von Macht in einer einzelnen Person oder kleinen Machtzirkeln auch noch als »logisch geboten« oder der »rational richtige« Weg beschrieben.[29] Die »Manager« ganz oben auf der Chefetage sehen sich »naturgemäß« als die kompetentesten Entscheider*innen – und insofern wenig Anlass, die von ihnen vorgenommenen Abwägungen umfassend nach außen zu kommunizieren oder gar offenzulegen, welche machtpolitische Gemengelage sie zu der jeweiligen Entscheidung geführt hat.

Verpasste Chance, entscheidend für die Zukunft: Die Macht der Sozialen Medien

Vor diesen Hintergründen mag es denn auch weniger verwundern, weshalb die pro-demokratischen Kräfte, vor allem jene mit Regierungsverantwortung, in den letzten Jahren in einem Bereich eklatant ins Hintertreffen gegenüber den Populist*innen geraten sind: jenem der digitalen Kommunikation, allen voran in den Sozialen Medien.

Das pro-demokratische Lager von LINKE bis Union hat sich hier im letzten Jahrzehnt vor allem von der rechtsextremen AfD so dermaßen die Butter vom Brot nehmen lassen, dass es eigentlich kaum zu glauben ist. Während die AfD ein sozial-mediales Ökosystem um sich herum geschaffen hat, das aus diversen Vorfeldorganisationen, Influencer*innen und auch parteieigenen, medienähnlichen Kanälen (wohl nach dem österreichischen Vorbild *FPÖ TV*, unterhält auch die AfD beispielsweise einen YouTube-Kanal mit dem Namen *AfD TV*) besteht, sind die Kommunikationsapparate der pro-demokratischen Parteien noch immer vorwiegend auf die Kommunikation per Pressemitteilung beziehungsweise das herkömmliche Mediensystem ausgerichtet. Während die Populist*innen das Potenzial der Sozialen Medien weitgehend ausschöpfen und hier zu allen verfügbaren Mitteln, einschließlich der Nutzung von Hate Speech und Verbreitung von Fake News, greifen, spielt die Frage, wie genau Politiker*innen heutzutage eigentlich ihre Wähler*innen noch wirksam erreichen können, im pro-demokratischen Lager meist nur eine stark untergeordnete Rolle.

Dies ist wirklich schwer begreiflich, ist doch eine gelungene Kommunikation und breite, wirksame Ansprache der Bevölkerung die zentrale Voraussetzung nicht nur dafür, gewählt zu werden, sondern eben auch, um eigene Entscheidungen gut erklären zu können – und damit die Voraussetzungen für nachhaltigen gesellschaftlichen Fortschritt und Frieden überhaupt erst zu schaffen.

Nach vielen Gesprächen, die ich in unterschiedlichen Parteizentralen auf allen Ebenen sowohl mit Entscheidungsträger*innen als auch Kommunikationsverantwortlichen geführt habe, komme ich leider auch hier nicht an der Analyse vorbei, dass unser vorrangig technokratisch und patriarchal geprägtes Politikverständnis hierfür zumindest mitverantwortlich ist. So wird Kommunikation in der Politik vor allem dann in den Fokus genommen, wenn es um die Verteilung von Macht geht – also, wenn gewählt wird. Zu Wahlkampfzeiten bauen die Parteien ihre Kampagnenapparate auf, hier wird ein Großteil der verfügbaren Gelder der Partei aufgewendet und Teams von meist mehreren Hundert Personen setzen die Kampagnenmaßnahmen um, häufig noch unterstützt von großen und gut bezahlten Kommunikationsagenturen. Ist die Macht verteilt worden, also der Wahltag rum, werden diese Apparate wieder eingestampft. In den Parteizentralen kümmern sich dann – je nach Haus – meist zwischen vier und zehn Personen um die Social Media Arbeit. Die AfD beschäftigt schätzungsweise deutschlandweit circa 150 Social-Media-Mitarbeitende.[30]

Wer nach der patriarchalen Logik Politik vor allem als die Aufgabe maximaler Machtansammlung versteht, hat naturgemäß eher weniger Interesse daran, viele Ressourcen einzusetzen, um eine Wahlbevölkerung zu erreichen, die ihm ja ohnehin bereits ein Mandat erteilt hat. Warum auch, die Mission ist doch erfüllt, der Kanzler bereits gewählt?!

Wie der Aufstieg der AfD zeigt, ist diese Sichtweise brandgefährlich. Die Rechtsextremen haben es vermocht, in eine kommunikative Lücke vorzustoßen, die die sogenannten »Parteien der Mitte« in den Sozialen Medien hinterlassen haben. So konnte sich die AfD subtil mithilfe von unter anderem rechtsextremen Influencer*innen, die zunächst nicht als solche erkennbar sind, sondern eher Lifestyle-Themen wie ETF-Anlageberatung, Motorsport oder Workout-Routinen bespielen, mit ihrer Ideologie in die politische Mitte vorarbeiten und gezielt Wähler*innen radikalisieren. Pro-demokratische Parteien hingegen finden etwa auf YouTube im Vergleich zur AfD so gut wie gar nicht statt. Unter den Parteien verfügt die AfD auf der Plattform über mehr als 80 Prozent Marktanteil.[31] In Österreich ist der YouTube-Kanal *FPÖ TV* inzwischen eine Art Leitmedium geworden, das von anderen Medienhäusern zitiert und weiterverbreitet wird. Zwei der *FPÖ TV*-Moderatorinnen sitzen inzwischen für die Partei im österreichischen Nationalrat.[32] Es liegt nahe, dass die AfD ähnliche Ziele mit ihrer Medienarbeit verfolgt. Wollen pro-demokratische Parteien in diesem sozial-medialen Ökosystem weiterhin erfolgreich sein – und damit unsere Demokratie verteidigen –, müssen sie dringend eine digitale Campaigning-Infrastruktur aufbauen, die es mit den Rechtspopulist*innen aufnehmen kann.

Wer also vor allem die patriarchale Machtansammlung verfolgt, läuft Gefahr, die kommunikative Auseinandersetzung mit der Breite der Bevölkerung aus dem Blick zu verlieren. Passiert dies zu lange und vonseiten zu vieler Akteur*innen, kann es sehr brenzlig werden für die Demokratie.

Wenn es ganz schlecht läuft, ist das hinzukommende Verständnis von »Politik als Management« dann noch ein zusätzlicher Brandbeschleuniger dieser Entwicklung. Denn wenn eine bestimmte politische Entscheidung doch im technokratischen Sinne »logisch geboten« ist, dann müssten eigentlich die meisten Wähler*innen das auch von sich aus verstehen und einsehen können. Folglich sind Erklärungen gegenüber der Bevölkerung höchstens zweitrangig – und jedenfalls kein Fokus für die obersten Entscheider*innen. Eher wird dann eben erst im nächsten Wahlkampf, wenn dies »wieder ansteht«, noch einmal hervorgehoben, was man alles Großartiges erreicht habe. Man verlässt sich auf die Aussagekraft der Fakten, anstatt Kommunikation gezielt zu nutzen, um auch die Emotionen der Wähler*innen anzusprechen und etwa Sorgen und Ängste zu adressieren.[33]

Die Übermacht der Populist*innen in den Sozialen Medien ist so – neben deren skrupellosen, strategischen Vorgehens und Einflussnahmen Russlands, die mit Desinformation unseren Diskursraum noch weiter zu vergiften suchen[34] – wohl leider auch ein Symptom unserer die Demokratie schleichend schwächenden patriarchal-technokratischen Kultur. Diese Kultur verliert allzu schnell aus dem Blick, worum es wirklich geht, was unser Gemeinwesen und unser demokratisches System wirklich nachhaltig am Leben hält. Das Argument, das Überzeugen von Wähler*innen von dem, was richtig ist, das Werben um Mehrheiten auch außerhalb von Wahlkampfzeiten wird zweitrangig, wenn es stets vor allem einer kleineren Gruppe darum geht, in einem informellen Zirkel darüber zu entscheiden, wohin unser Land steuern soll.

Hierdurch verlieren wir immer weiter aus dem Blick, was eigentlich unser *demokratisches Ideal* ist – nämlich eine Regierungsform, die auf die größtmögliche Teilhabe und Repräsentation aller in der Bevölkerung vorhandenen Gruppen, Perspektiven und Interessen abzielt. Eine Staatsform, in der »eine oder einer unter Gleichen« für eine vorübergehende Zeit die Gesamtverantwortung für uns alle trägt – und in der wir gerade dann besonders stark und erfolgreich sind, wenn wir umfassend über persönliche, sozioökonomische und parteipolitische Unterschiede hinweg miteinander kooperieren.

Zum Ende dieses Kapitels können wir also eine schlechte und eine gute Nachricht festhalten. Die schlechte Nachricht lautet: Unsere patriarchal und technokratisch geprägte politische Kultur hat unsere Demokratie in den letzten Jahrzehnten schleichend geschwächt. Immer mehr Menschen wenden sich von den prodemokratischen Parteien ab, ihr Vertrauen ist so gering wie nie. Hierdurch haben wir Einfallstore für die skrupellose Vorgehensweise der Rechtsextremen entstehen lassen, die diese vor allem mittels digitalen Campaignings in den Sozialen Medien zu nutzen wussten. Unsere Demokratie wird angegriffen, von innen, durch Extremist*innen und Populist*innen, sowie von außen durch insbesondere russische Einflussnahme. Ihr Immunsystem ist geschwächt, da wir sie ständig mit patriarchal-technokratischen Reizen überfluten, die jenseits der zentralen Herausforderungen liegen.

Die gute Nachricht jedoch lautet: Nachdem wir all das selbst herbeigeführt haben, liegt es auch in unserer Macht, der Demokratie einen Immunbooster zu verpassen und sie am Leben zu halten. Es braucht dafür gar nicht mal so viel – sondern vor allem eine Rückbesinnung auf unser demokratisches Ideal und einen Fokus auf das Wesentliche. Wie genau das aussehen kann? Please read on …

Teil II: Handlungsempfehlungen

Drittes Kapitel
Was bitte ist ein »brandneuer« Bundestag? Und wie erschaffen wir ihn?

Der Bundeskanzler schüttelt mir nach einem Vortrag dankend die Hand. Die Bundestagspräsidentin teilt einen Post von mir auf Instagram und bedankt sich für die tolle und wichtige Initiative. Im Bundeskanzleramt halte ich einen Keynote-Vortrag vor 300 Menschen.

Wait, what? Ist das wirklich passiert? Ja, ist es. Und all das nur, weil ich eines Freitagvormittags in meinem Bett gelegen und mir eine Netflix-Doku angesehen habe. Na ja gut, ein bisschen mehr hat es schon gebraucht. Aber wie genau kam es dazu, dass eine kleine von mir mitgegründete Organisation, die unter anderem diversere und zukunftsorientiertere Politiker*innen ins Parlament bringen möchte, in kurzer Zeit so viel Aufmerksamkeit auf sich zog? Und was genau ist ein »Brand New Bundestag« und wie gehen wir vor? Darum soll es auf den kommenden Seiten gehen.

Eine verrückte Idee

Flashback. Im Mai 2019 sitze ich mit Eva-Maria Thurnhofer und Daniel Veldhoen auf dem Gendarmenmarkt in Berlin. Daniel ist ein alter Freund von mir, mit dem ich mir zu Studi-Zeiten schon meine Kölner WG teilte und dessen Arbeitsweise als Kulturmanager ich aus nächster Nähe sehr zu schätzen gelernt hatte (er war damals Referent des Intendanten am Schauspiel Köln, was mir immer wieder Gelegenheitsjobs, unter anderem als Türsteher bei der nächtlichen Partyreihe des Theaters, bescherte; inzwischen ist er künstlerischer Direktor an den Münchner Kammerspielen). Eva ist über Ecken mit Daniel befreundet und war längere Zeit in der politischen Kommunikation, vor allem für die Deutsche Börse tätig. Da sie gerade »zwischen Jobs« ist und nach einem Engagement mit gesellschaftlichem Sinn sucht, scheint es ein »perfect match«: Daniel bringt die künstlerische, Eva die Wirtschafts- beziehungsweise Kommunikations- und ich als Sozialunternehmer mit meinem Refugee Law Clinic-Background die zivilgesellschaftliche Perspektive mit.

Dort auf dem Gendarmenmarkt also treffen wir uns, kurz nachdem ich die Netflix-Doku *Knock Down the House* gesehen und unter anderem Daniel noch am selben Abend eine Messenger-Nachricht mit einer »verrückten Idee« geschickt hatte. Thema der Nachricht und unserer Zusammenkunft an diesem Tag: Wieso gründen wir eigentlich nicht eine Initiative mit dem Namen »Brand New Bundestag«?

Es braucht nur ein paar Sätze, bis Eva und Daniel begeistert sind. Sie erkennen schnell das Potenzial der Idee und sind angefixt. Wir halten uns nicht lange mit der Frage nach dem »Ob« unseres Vorhabens auf – sondern steigen, ganz nach meinem Geschmack, direkt in eine Diskussion über das »Wie« ein. Wie also kann es uns gelingen, einen »Brand New Bundestag« zu bauen? Und was genau bedeutet das für uns? Was müssen wir dafür tun? Wohl zum Glück für uns alle und das gemeinsame Vorhaben wissen wir damals noch nicht, wie lange und intensiv uns diese Fragen in den kommenden Wochen und Monaten beschäftigen werden. Für den Moment aber habe ich meine Mission erfüllt – in Evas und Daniels Köpfen beginnt es unablässig zu rattern und zu arbeiten, wenige Tage später sagen mir beide für ein Folgetreffen zu. Sie haben Bock, den *Brand New Bundestag* anzuschieben. Ich spüre die Gründungsenergie in meinem Bauch kribbeln, schreibe mir alle möglichen Dinge in ein Google Doc, lese eifrig einige Texte zum Movement Building sowie zu unterschiedlichen Organisationsformen für zivilgesellschaftliche Initiativen und bereite das nächste Treffen vor.

In den darauffolgenden Wochen und Monaten treffen wir uns unzählige Male, meist in Berlin oder München. Teilweise sind wir zu dritt, teilweise führen wir Workshops mit einem Dutzend Teilnehmer*innen durch. Ab und an stoßen Expert*innen zu uns, mit denen wir unsere Idee durchsprechen und deren Impulse wir aufnehmen. Wir wechseln uns ab und treffen uns mit Parteipolitiker*innen, Vorständen der Jugendorganisationen, mit zivilgesellschaftlichen Interessensvertreter*innen, mit Aktivist*innen, Wissenschaftler*innen und Journalist*innen. Ziemlich genau ein halbes Jahr lang tragen wir alle möglichen Informationen zusammen und erschaffen daraus das strategische Grundgerüst für unsere Initiative Brand New Bundestag. Im Februar 2020 gründen wir eine Genossenschaft. Wir legen los.

Der parlamentarischen Demokratie neues Leben einhauchen

Halt, stopp. Was genau machen wir denn jetzt? Um diese Frage zu beantworten, haben wir uns als Initiator*innen von Brand New Bundestag damals 2019 so lange Zeit genommen, dass manche Freund*innen von mir schon meinten: »Das mit BNB, das wird nix, oder?« Sie waren irritiert davon, dass wir erst einmal so lange nachdachten, uns informierten und konzipierten – anstatt einfach loszulegen.

BNB war und ist wie erwähnt weder meine erste noch meine letzte Gründung gewesen. Und doch war sie vermutlich die komplexeste. Denn Eva, Daniel und mir war von Anfang an klar, dass wir mit BNB nur wirkungsvoll sein können, wenn wir die Initiative genau am richtigen »Sweetspot« zwischen Parteipolitik und Zivilgesellschaft, zwischen Parlament und Straße positionieren.

Wieso war das aus unserer Sicht so wichtig? Unsere Analyse des Status quo der deutschen parlamentarischen Demokratie war so einfach wie eindrücklich: Sie siecht dahin und tut sich immer schwerer, eine Dynamik zu entfalten und sich so das Vertrauen der Menschen zu bewahren. Wie also können wir ihr neues Leben einhauchen? Wie dafür sorgen, dass sie ein begeisternder Ort für politische Mitgestaltung ist? Dass sie Zukunftslust und Zuversicht auslöst?

Für uns gab es hierfür einen zentralen Ansatzpunkt: Die Menschen, die uns in der Politik repräsentieren. Inspiriert von der Doku *Knock Down the House* und der mitreißenden Geschichte der ehemaligen Barkeeperin Alexandria Ocasio-Cortez, die quasi über Nacht völlig überraschend von der Außenseiterin ohne Gewinnchancen zur US-Kongressabgeordneten und später als »AOC« Ikone der amerikanischen Progressiven wurde,[35] wollten wir solche Geschichten auch in der deutschen Politik erleben – und mit BNB möglich machen. Wir wollten also mutigen, authentischen, wirkmächtigen Personen dabei helfen, Mandate in unseren Parlamenten zu erringen.

Um dieses ambitionierte Vorhaben in die Tat umsetzen zu können, mussten wir in der Gründungsphase von BNB zunächst zwei alles andere als einfache Fragen beantworten: *Wen genau* wollen wir in die Parlamente bringen? Und *wie* bitte soll das funktionieren?

Unsere US-Vorbildorganisationen *Brand New Congress*, *Justice Democrats* und viele weitere operierten mit Blick auf die erste Frage (»wen?«) gerne mit dem Begriff der »working class Americans«. So weit, so griffig. Aber passt das auch auf den deutschen Kontext? In den USA ist das politische System wie in wohl keiner anderen Demokratie von der finanziellen Ausgangslage der Wettbewerber*innen beeinflusst. Die meisten amerikanischen Kongressabgeordneten und Senator*innen sind Multimillionär*innen (bei vielen von ihnen kann man das MULTI groß und mit einem Ausrufezeichen schreiben). Insofern erscheint es für amerikanische Graswurzelinitiativen naheliegend, dieses eintönige, sehr vermögende Bewerber*innenfeld dahingehend diversifizieren zu wollen, auch Kandidat*innen eine Chance zu geben, die eben keine Millionen auf dem Konto liegen und meist auch keine akademische Ausbildung an einer US-Eliteuniversität absolviert haben.

Bei unseren Gesprächen mit Vertreter*innen aus Parteien und Zivilgesellschaft wurde Eva, Daniel und mir schnell klar, dass es nur bedingt sinnvoll wäre, diesen US-Ansatz eins zu eins zu übernehmen. Stattdessen stellte sich die Lage in Deutschland differenzierter dar, auch wenn die Missrepräsentation von Menschen ohne höheren Bildungsabschluss beziehungsweise mit unterdurchschnittlichen Einkommen ebenfalls in der deutschen Politik eine zentrale Herausforderung darstellt (dazu später mehr). So führten wir in einem Zeitraum von mehreren Monaten bewusst etwa ein halbes Dutzend Workshops in Berlin und München durch, bei denen wir unter anderem Menschen mit unterschiedlichen Perspektiven zusammenbrachten und sie danach fragten, was sie sich von der Politik und den Parteien eigentlich wünschen würden. Wir wollten zunächst einmal verstehen, welche Unterschiede und Gemeinsamkeiten wir hier finden würden. Zu den Teilnehmenden zählten alleinerziehende Mütter, Menschen mit Migrations- oder Fluchthintergrund, Menschen aus nichtakademischen Berufen, Personen mit queerer sexueller Orientierung, Menschen mit Behinderung, BIPoCs, Menschen mit ostdeutschen Biografien und sowohl junge Menschen als auch etwas ältere Personen. Insgesamt konsultierten wir in dieser Phase schätzungsweise mindestens 60 Personen zu ihrer Sichtweise auf die Politik und unser Vorhaben.

Wenn ich heute an diese Workshops zurückdenke, so erfüllt mich dies immer noch mit einem euphorischen Gefühl. Selten war ich in einem Raum, in dem so offen, ehrlich und ohne große vorherbestimmte Zielrichtung über Politik und Gesellschaft gesprochen wurde. Wir fingen als Graswurzelinitiative sehr sprichwörtlich auf der »grünen Wiese« an – und alles war erst einmal sagbar und sinnvoll.

Wir erfuhren von den persönlichen Lebensgeschichten der Teilnehmer*innen, wie sie sich in ihrem Alltag fühlen und was all das mit ihrem Blick auf die Politik, Parteien und unsere Parlamente zu tun hat. Eine junge Frau etwa schilderte die Immigration ihrer Eltern nach Deutschland, ihr Aufwachsen in einem Elternhaus ohne akademische Ausbildung und ihren langsamen Weg des Zurechtfindens in der deutschen Gesellschaft. Bei all den erlebten Rückschlägen und Herausforderungen, den regelmäßigen Diskriminierungen in der Schule und am Arbeitsplatz, die ihr begegnet waren, zog sie aus ihren Erfahrungen eher Mut und Kraft als Resignation – und verspürte den Drang, mitzugestalten und die deutsche Gesellschaft, von der sie inzwischen ein Teil geworden war, voranzubringen.

Neben ihrer waren es viele weitere Geschichten, Perspektiven und Impulse, die uns in diesen Workshops offenbart wurden, die uns inspiriert und hoffnungsvoll zurückließen. Ganz offensichtlich gab es jede Menge Menschen, die große Lust hatten, unser Land zum Positiven zu gestalten. Zugleich wurde sehr schnell deutlich, dass viele von ihnen niemals in Erwägung gezogen hätten, dies innerhalb einer politischen Partei zu tun. Trotz ihres Gestaltungswillens fokussierten sie ihr Engagement eher auf zivilgesellschaftliche Gruppen oder das persönliche Umfeld. Blickten wir auf die individuellen Erfahrungen der Teilnehmer*innen, wurde zudem stark deutlich, dass es gerade Menschen mit in der Politik bereits unterrepräsentierten Perspektiven waren, die sich einen solchen Schritt nicht vorstellen konnten. Parteien und Parlamente waren für viele von ihnen sehr ferne Räume, in denen sie sich kaum ein eigenes Wirken vorstellen konnten.

Mit der Zeit bestätigte sich unsere anfangs gehegte Vermutung, dass die Fokussierung auf »working class«-Kandidierende für BNB nicht wirklich passend gewesen wäre. Vielmehr bewegte uns schon damals das Konzept eines intersektionalen Diversitätsverständnisses, das die unterschiedlichen, in einer Person vereinten Perspektiven, Identitäten und Erfahrungsmuster in den Blick nimmt.[36] Für uns wurde immer deutlicher, dass das Fehlen von marginalisierten Perspektiven in unserer Politik unsere Demokratie jeden Tag ärmer macht – und letztlich auch gefährdet. Denn je weniger Menschen das Gefühl haben, dass das, was in Parteien und Parlamenten tagtäglich ausgehandelt und bearbeitet wird, wirklich etwas mit ihnen zu tun hat, desto weniger werden auch einen Grund sehen, unser demokratisches System zu erhalten.

Als wir nach vielen Monaten von Workshops, des Diskutierens und Verfassens von Konzeptpapieren also zu dem Punkt kamen, die Kriterien festzulegen, wonach wir die Kandidierenden, die BNB unterstützt, die »Kandis«, auswählen würden, war für uns demnach klar, dass es in erster Linie darum gehen sollte, Menschen in unsere Parlamente zu bringen, denen wir zutrauen, andere mitzureißen und das Vertrauen in unsere Parteien und das demokratische System zu stärken. Wir wollten inspirierende Persönlichkeiten fördern, die durch ihr Engagement in Zivilgesellschaft, Familie oder Freundeskreis bereits gezeigt hatten, dass sie die Gesellschaft voranbringen können und wollen. Menschen mit Tatkraft und der persönlichen Kompetenz und Resilienz, für uns alle nachhaltig einen Unterschied bewirken zu können.

Die BNB-Forderungen

Um all dies noch konkreter und griffiger zu machen, erarbeiteten wir Inhalte für eine *politische Plattform* als Grundlage unserer Arbeit. Uns war von vorneherein klar, dass wir eine inhaltliche politische Richtschnur brauchen würden, an der wir die gesamte Organisation ausrichten. Denn am Ende ist Politik immer *konkret* – es geht immer darum, wofür man ist und wofür eben nicht. Versucht man, diese Inhalte zu umschiffen, so läuft man Gefahr, auch Dinge mitzutragen oder mit dem eigenen Verhalten zu stützen, die man eigentlich ablehnt. Denn wer sich im politischen Raum bewegt – egal, ob als zivilgesellschaftliche Initiative oder Politiker*in –, trägt auch die Verantwortung, dass jedes geäußerte Wort, jedes Verhalten politische Positionen in die eine oder andere Richtung beeinflussen kann. Wer nicht klar definiert und äußert, wofür er oder sie steht, läuft Gefahr, etwa bestehende Zustände weiter zu legitimieren, unter denen Menschen oder die Umwelt leiden. Wer die Beseitigung dieser systemischen Defizite und Benachteiligungen nicht zum Teil der eigenen Programmatik macht, legitimiert damit zugleich den politischen Status quo.

Für uns war daher klar, dass wir nur Menschen würden unterstützen wollen, die mit ihrer Tatkraft unsere Gesellschaft nach vorne bringen wollen – die sich mutig dafür einsetzen, dass unser Land *besser* wird und die daran glauben, dass wir Dinge zum Positiven verändern können.

Vom ersten Moment unserer Kandidierendenunterstützung ist es daher Voraussetzung für unsere »Kandis«, dass sie sich mit der inhaltlichen BNB-Agenda identifizieren. Diese überparteiliche Agenda hält zentrale Reformvorhaben fest, die wir als Gesellschaft angehen müssen, um in einer zukunftsfähigen Demokratie für alle leben zu können. Sie beinhaltet zu großen Teilen inhaltliche Forderungen, die breit von Zivilgesellschaft und Bevölkerung getragen werden. Dabei hält sie vor allem politische *Ziele* fest, um den Kandis – gerade auch je nach Parteipräferenz – die Flexibilität zu überlassen, welche *Maßnahmen* sie für das Erreichen dieser Ziele als am sinnvollsten erachten. So prangt noch heute als erster Reiter auf unserer BNB-Website die Seite »Unsere Forderungen«. Sie haben sich in den letzten Jahren kaum verändert:

- Wir wollen eine Politik befördern, die uns in eine klimaneutrale Zukunft führt und dabei Klimakosten fair verteilt.
- Wir wollen ein sozial gerechtes staatliches System herbeiführen, das mitunter eine chancengerechte Bildung, zukunftsfähige Sozial- und Rentensysteme und echte Perspektiven für Migrant*innen und Geflüchtete bietet.
- Um dies zu erreichen, setzen wir uns für den Aufbau einer nachhaltigen Wirtschaft sowie ein nachhaltiges Finanzsystem ein.

- Und wir wollen Europa als vereinte und vernetzte Solidargemeinschaft stärken – als globaler Vorreiter für soziale und nachhaltige Politik auf Augenhöhe mit den anderen Regionen unserer Welt.

An diese vier übergeordneten Ziele knüpfen sich jeweils vier bis sechs konkrete inhaltliche Forderungen an, die auf unserer Website zu finden sind.[37]

Diese BNB-Programmatik ist inhaltlich anschlussfähig für Politiker*innen von LINKE bis Union – inzwischen haben wir entsprechend Kandidierende von allen pro-demokratischen Parteien, die im Deutschen Bundestag vertreten sind oder waren, unterstützt. Die BNB-Agenda ist *progressiv* im eigentlichen Wortsinne – sie beinhaltet *zukunftsorientierte* inhaltliche Positionen, die zuversichtlich davon ausgehen, dass ein besseres Morgen möglich ist. Wie unsere Unterstützung von Kandis des gesamten pro-demokratischen Parteienspektrums zeigt, ist BNB somit *keine progressive Organisation* im Sinne einer Zuschreibung zu einem bestimmten politischen Lager, etwa einem links der Mitte. Vielmehr vereinen wir *zukunftsorientierte* Kräfte aller pro-demokratischen Parteien in unseren Reihen – die sich dort gegenüber eher rückwärtsgewandten, *regressiven* Kräften durchzusetzen versuchen. Denn hierauf weisen wir gerne hin: Die Bruchlinien zwischen *Zukunftsorientierten/Progressiven* und *Rückwärtsgewandten/Regressiven* verlaufen nicht zwischen, sondern *innerhalb der Parteien.*

Die Auswahl der BNB-Kandidierenden

Darüber hinaus wollten wir dafür sorgen, dass sich die eklatante Missrepräsentanz von verschiedenen in Deutschland vertretenen Perspektiven in unseren Parlamenten verbessert. Personen aus marginalisierten Gruppen zu unterstützen, war dabei für uns kein rein identitätspolitisches Interesse – vielmehr erlebten wir gerade hier wertvolle Perspektiven und Impulse, die im öffentlichen Diskurs nach unserer Wahrnehmung zu wenig Berücksichtigung fanden.[38] Zudem sprudelte aus diesen Personen und Perspektiven häufig geradezu die Tatkraft, endlich mit anpacken zu dürfen – eine Energie, die unserer Demokratie und unseren Parteien nur allzu oft fehlte. Die Förderung von »Diversität« war für uns von vorneherein also kein Selbstzweck, sondern der strategisch gebotene Weg, um für uns alle, das gesamte Land, das bestmögliche an politischer Repräsentation und Gestaltungskraft herauszuholen.

So haben wir dies damals reflektiert und so wählt die Organisation »Brand New Bundestag« noch heute die Kandidierenden aus, die sie unterstützt. In einem mehrstufigen Auswahlprozess müssen potenzielle BNB-Kandidierende zunächst nominiert werden. Sodann werden sie zum Einreichen eines Bewerbungsvideos und Ausfüllen eines Fragebogens aufgefordert. Auf dieser Grundlage werden sie zu einem Auswahlinterview eingeladen. Als nächster Schritt steht oftmals ein Auswahlwochenende an, bei dem wir die Kandis vor allem in ihrer ganzen Persönlichkeit noch einmal eingehend kennenlernen wollen und ihnen sowohl inhaltliche als auch persönliche Fragen und Aufgaben stellen. An dessen Ende entscheidet eine Jury, die aus Vertreter*innen der Zivilgesellschaft sowie der BNB-Community zusammengesetzt wird, wer in die BNB-Förderung aufgenommen wird.

Das Auswahlverfahren ist so ausgestaltet, dass es – wie wir nach über fünf Jahren wissen – recht verlässlich Auskunft darüber gibt, wie authentisch sich eine potenzielle Kandidat*in für ihre politischen Anliegen einsetzt. Es prüft ab, ob sie die Resilienz mitbringt, eine solch intensive Herausforderung wie eine politische Kandidatur anzunehmen. Zudem spielt eine Rolle, ob wir den Kandidat*innen zutrauen, mutig, begeisternd und mit Eloquenz sowie Charisma ihre Positionen zu vertreten. Natürlich spielt auch ihre persönliche inhaltliche Kompetenz eine Rolle. Zudem fördern wir gezielt Personen, die sich zuvor bereits zivilgesellschaftlich in anderen Bereichen engagiert haben – wenn sie eine politische Kandidatur in Angriff nehmen, sehen wir sie als besonders dafür geeignet an, die so dringend benötigten Brücken zwischen der Zivilgesellschaft und der Parteipolitik zu bauen.

Darüber hinaus screenen wir das gesamte Bewerber*innenfeld darauf, inwiefern Perspektiven vertreten sind, die ansonsten in der deutschen Politik eher selten anzutreffen sind. Dementsprechend liegt ein besonderer Fokus auf der Förderung von Frauen, Menschen mit Migrationsbiografie, Menschen ohne höheren Bildungsabschluss, ostdeutschen Biografien, queeren Menschen, jungen Menschen, Black, Indigenous and People of Colour (BIPoC) sowie Menschen mit Behinderungen. Entscheidend bleibt dabei für uns stets, dass wir Personen fördern, denen wir zutrauen, einen echten Unterschied für ihre Anliegen in der Politik zu machen – dementsprechend würde niemand allein aufgrund seiner*ihrer Diversitätsmerkmale von BNB unterstützt werden.

Dieser letzte Punkt ist für uns ein wichtiger Aspekt gewesen, den wir innerhalb der Organisation auch immer wieder betont haben. Dem Anliegen, eine Perspektivenvielfalt und angemessene Repräsentation marginalisierter Gruppen in der Politik zu fördern, erweist man einen Bärendienst, wenn Personen mit Diskriminierungsmerkmalen in Ämter gewählt werden, die es jedoch nicht als ihre Aufgabe ansehen, die *systemische* Benachteiligung unterrepräsentierter Akteur*innen zu beseitigen. Dies wird unter anderem unter dem Begriff des »Tokenism« diskutiert, wonach eine Person mit Diskriminierungsmerkmal als bloßer »Token«, also als reines »Symbol« von Repräsentation in Entscheidungspositionen oder etwa in ein Parlament gelangt. Wer Perspektivenvielfalt und damit unsere Demokratie stärken will, muss *echte* Repräsentation fördern. Dies bedeutet, dass wir Personen in Entscheidungspositionen brauchen, die sich gezielt dafür einsetzen, dass Hürden für Menschen mit marginalisierten Perspektiven abgebaut werden und sich das »System Politik« für sie weiter öffnet. So ist Alice Weidel von der AfD vermutlich die letzte Person im Deutschen Bundestag, die die Rechte von Homosexuellen vorantreiben beziehungsweise verteidigen wird – und das, obwohl sie selbst mit einer Frau zusammenlebt. Auf eine solche Form von »Alibi-Repräsentation« können marginalisierte Gruppen gut und gerne verzichten – denn letztlich schwächt sie ihre Anliegen nur weiter. Anstatt *wirklich* mit am Tisch zu sitzen, findet sich dort nur eine Vertreterin wieder, die zwar äußerlich über dieses Merkmal verfügt, sich jedoch *politisch* nicht für die Interessen der Gruppe einsetzt.

Leider finden sich diese Beispiele nicht nur bei den Rechtsextremen. Vielmehr ist eigentlich keine Partei so richtig frei davon, ein sehr oberflächliches Konzept von »Diversitätsförderung« zu verfolgen. »Diverse« Parteimitglieder werden so etwa gerne immer wieder genutzt, um die »Vielfalt« in der eigenen Partei zur Schau zu stellen – zum Beispiel in den Medien oder auf Social Media. Kommt es dann jedoch zu den machtpolitisch ausschlaggebenden Listenaufstellungen (bei denen sich entscheidet, wer voraussichtlich in das Parlament einziehen wird), werden derlei Diversitätserwägungen allzu häufig schnell wieder hintenangestellt (mehr dazu anhand der Geschichten von Rasha Nasr und Armand Zorn gleich).

Schafft es doch mal eine Vertreter*in mit unterrepräsentierter Perspektive auf einen vorderen Listenplatz, so heißt dies jedoch leider nicht immer, dass sie sich auch für die Belange der marginalisierten Gruppe einsetzt, der sie selbst angehört. So finden sich im Bundestag ebenso wie in vielen anderen Landes- und Kommunalparlamenten leider einige Politiker*innen wieder, die sich entweder gar nicht für die diskriminierten Interessen einsetzen oder allenfalls das Ausmaß an erforderlichen politischen Handlungen erkennen, aber nicht entscheidend aktiv werden. Sie verstehen sich weniger als Repräsentant*innen eines größeren Kollektivs, sondern eher als Individualist*innen, die eben eine erfolgreiche Karriere eingeschlagen haben und nun mitentscheiden können. Wann immer sich im Auswahlprozess bei BNB der Verdacht einschleicht, eine Bewerber*in könnte derart gestrickt sein, vor allem ihre persönliche Karriere und erst nachrangig inhaltliche Anliegen im Blick zu haben, ist dies meist gleichbedeutend mit dem Ausscheiden der Bewerber*in aus dem Prozess. Denn anders als andere Organisationen, die politische Talente unterstützen, verfolgt BNB nicht primär die Förderung von »individueller Exzellenz«, sondern vor allem die Stärkung von Kollektiven, ihrer Repräsentation und so die Dynamisierung und Stärkung unserer Demokratie insgesamt. Von unseren Kandidat*innen erwarten wir, dass sie ihre persönlichen Fähigkeiten in diesen Dienst des größeren Ganzen stellen – je größer ihr Machtradius und Einfluss wird, desto mehr soll das Kollektiv profitieren.

Diese demokratische Grundlogik ist uns leider in der politischen Personalentwicklung allzu sehr aus dem Blick geraten. Zu viele Menschen in der Politik sehen ihr Engagement als eine Möglichkeit an, eine tolle Karriere zu machen. Sosehr dies menschlich nachvollziehbar sein mag, ist es für mich doch ein zentraler Faktor, der unser politisches Gemeinwesen schwächt und Menschen gegenüber den Parteien, ihren Funktionär*innen und Karrierist*innen misstrauisch werden lässt. Wir brauchen in der Politik weniger Karrierist*innen und Technokrat*innen – und mehr Repräsentant*innen, die das große Ganze im Blick haben und sich zutrauen, für uns alle mehr zu erreichen und unser Leben zu verbessern. Diese Menschen fördert BNB.

Wie kann die Förderung und Unterstützung der Kandis am besten funktionieren?

Bleibt noch die Frage, *wie* genau wir bei der Unterstützung der Kandidierenden vorgehen. Diese Frage war ehrlich gesagt das noch dickere »Brett« als jene nach den Personen, die wir fördern würden. Eine zivilgesellschaftliche Initiative, die politische Kandidierende auswählt, coacht und schließlich erfolgreich in Parlamente begleitet? So was hatte es in Deutschland – und eigentlich in ganz Europa – noch nie gegeben. Als Eva, Daniel und ich uns auf den Weg machten, eine Lösung für diese Herausforderung zu finden, schlug uns entsprechend viel Skepsis entgegen:

Wie sollte das denn bitte gehen? Kandidaturen wären ja Sache der Parteien. Wieso brauchte es da eine Initiative von außen, die da irgendwie »reinpfuscht«? Außerdem gäbe es doch gar keine Möglichkeit, da irgendwas Sinnvolles zu tun? Man habe ja als Zivilgesellschaft keine Chance, wirklich auf parteiinterne Prozesse einzuwirken? Zudem waren einige Parteivertreter*innen der Ansicht, dass da wohl kaum jemand mitmachen würde. Und wenn doch, hätte das zumindest keine dauerhafte Aussicht auf Erfolg.

Sechs Jahre nach diesen zähen Gesprächen und skeptischen Rückfragen – die uns auch in den Jahren danach noch regelmäßig begleiteten und unter anderem von Journalist*innen wiederholt gestellt wurden – kann ich mit Freude und auch einer gewissen Genugtuung feststellen: Ja, es geht.

Warum hat es also trotz dieser regelmäßig geäußerten und teils ja auch sehr berechtigten Zweifel und Herausforderungen doch funktioniert? Zunächst einmal: Weil der Bedarf so riesig war und ist.

Denn neben die skeptischen Rückmeldungen, allen voran von »analytischen Beobachter*innen« wie Journalist*innen, Wissenschaftler*innen oder Stiftungsmenschen, trat ein überwältigend positives Echo von den allermeisten Praktiker*innen. So bestätigten die meisten Personen, mit denen wir innerhalb der Parteien sprachen, in den Gesprächen meist sehr schnell unsere Problemanalyse: Die Parteistrukturen sind starr, undurchlässig und ermüdend für eigentlich alle Beteiligten. Es herrsche überall eine große Herausforderung, politischen Nachwuchs angemessen zu fördern – die wirklich »guten Leute« würden schnell wieder rausgedrängt oder verlören das Interesse. Mit der Zivilgesellschaft stünde man zwar immer wieder im Austausch, meist bliebe es aber bei vereinzelten Treffen und es sei unklar, wie genau nun eigentlich eine strategische Zusammenarbeit bei gemeinsamen inhaltlichen Anliegen aussehen könnte. Zudem wussten alle um die Herausforderung, Menschen für ein politisches Engagement zu begeistern und sie auch wirklich nachhaltig in Entscheidungspositionen zu bringen, die eben nicht dem gesellschaftlichen Mainstream entspringen – und eben etwa kein abgeschlossenes Hochschulstudium, ein männliches Geschlecht oder eine westdeutsche Herkunft vorzuweisen haben. Dieses weitgehend sehr eindeutige Stimmungsbild von parteipolitisch engagierten Menschen gab uns entscheidenden Rückenwind, BNB bei allen Herausforderungen organisatorischer und konzeptioneller Art Wirklichkeit werden zu lassen.

Hinzu kam das Bild von Praktiker*innen auf der zivilgesellschaftlich-aktivistischen Seite. Viele teilten unsere Beobachtung, dass ihr Engagement Gefahr läuft, an den Mauern der Parlamente abzuprallen, wenn es keine Verbündeten innerhalb dieser Räume gäbe. Es brauche »Brückenbauer*innen«, die sich in besonderem Maße dafür verantwortlich fühlten, zivilgesellschaftliche Impulse aufzugreifen und in die Mitte des Plenarsaals zu tragen.

Wir waren nach diesen Rückmeldungen also weiterhin »hyped« und wildentschlossen. Uns war nach den Gesprächen jedoch auch klar, dass für eine Initiative wie BNB an allen Ecken und Enden politische Fettnäpfchen lauerten, in die wir keinesfalls treten durften, um unser Vorhaben nicht selbst zu beschädigen.

Zuallererst musste uns vor allem gelingen, BNB glaubwürdig *zwischen* Parteien und der Zivilgesellschaft zu positionieren. Wir durften weder als einer bestimmten Partei nahestehend noch als Teil einer aktivistischen Gruppe wahrgenommen werden – beides hätte jeweils dazu geführt, dass wir für andere Parteien beziehungsweise die Zivilgesellschaft nicht mehr als kooperationsfähig angesehen werden würden. Nachdem sowohl wir Initiator*innen als auch einige der frühen Volunteers bei BNB in Parteien oder Initiativen aktiv waren, war dies allein bereits eine große Herausforderung.

Zudem fiel uns auf, dass wir einen Fehler auf keinen Fall machen durften, der in der Zivilgesellschaft jedoch leider, wenn auch teils aus sehr nachvollziehbaren Gründen, allzu weit verbreitet ist: Parteien beziehungsweise Politiker*innen öffentlich hart zu kritisieren beziehungsweise zu »bashen«. Da wir sowohl die zivilgesellschaftliche als auch die parteipolitische Perspektive sehr gut kannten, war uns auch klar, wie sensibel Parteivertreter*innen auf derlei Kritik reagierten. Besonders wenn sie das Gefühl hatten, pauschal für eine Entscheidung ihrer Partei angegriffen zu werden, so hatte dies regelmäßig einen gewissen »Wagenburgeffekt« zur Folge – man schottete sich ab, beschwerte sich intern über die »überzogenen« Vorwürfe der Zivilgesellschaft und ließ die Skepsis über deren Beweggründe grassieren. Sollte uns derlei passieren, so war uns klar, dass es für BNB sehr schwierig werden würde, jemals erfolgreich Kandidierende zu unterstützen oder Brücken zwischen Parteien und Zivilgesellschaft zu bauen.

Zudem waren wir ehrlich beeindruckt davon, wie viele aufrichtige, ehrliche Menschen wir bei unseren Gesprächen in den Parteien kennenlernen durften, die nach unserer Wahrnehmung aus den richtigen Motiven heraus versuchten, wirklich das Bestmögliche für unsere Gesellschaft herauszuholen. Sie sahen die Defizite ihrer eigenen Strukturen klar und waren bemüht, die Dinge voranzubringen – scheiterten jedoch häufig selbst an parteiinternen Gewohnheiten oder auch »alteingesessenen« Kräften, die keine Notwendigkeit sahen, irgendetwas zu verändern. Aus unserer Sicht war ein »Bashing« der Parteien und vor allem ihrer Mitglieder insofern nicht nur aus strategischen Gründen zu vermeiden – es war auch inhaltlich über weite Strecken falsch. Denn es mangelte eben gerade nicht an Menschen in den Parteien, die sich gerne mit der Zivilgesellschaft verbündet und die bestmöglichen Repräsentant*innen der Bevölkerung quasi Tag und Nacht (politisches Ehrenamt findet vor allem abends und am Wochenende statt) unterstützt hätten, sondern vielmehr waren auch diese frustriert ob der Defizite der eigenen Strukturen. Statt einem gegenseitigen »Bashen« brauchte es nach unserer Wahrnehmung also den Schulterschluss – und das Eingeständnis, dass man es nur mit vereinter Kraft schaffen konnte, den parteipolitischen Strukturen und unserer Demokratie insgesamt den nötigen Elan zu verpassen.

Der demokratische »Keilriemen«

Aufseiten der Zivilgesellschaft mussten wir für dieses Verständnis naturgemäß ebenfalls werben. Zwar gab es einige strategische Köpfe, die die Notwendigkeit, eng mit der Parteipolitik zusammenzuarbeiten, früh erkannten. Viele waren jedoch auch der Ansicht, dass es nur der harte, ausdauernde Protest allein sein konnte, der die Politik dazu »zwingen« würde, schon irgendwann einzulenken.

Aus meiner Sicht ist diese Vorstellung genauso unrealistisch, wie umgekehrt von technokratischer Seite aus zu glauben, es bräuchte bloß die »smartesten Köpfe« und »klügsten Lösungen«, um große gesellschaftliche Veränderungen erfolgreich zu meistern. Es braucht immer beides – die institutionalisierte Politik und die Gesellschaft, die Veränderungen einfordert und treibt. So ist schließlich – und soweit noch folgerichtig – auch die »Wirkungslogik« der Zivilgesellschaft über weite Strecken darauf ausgerichtet, »die Politik« zum Handeln zu bewegen. Diese »Wirkungslogik« beinhaltet jedoch teils falsche Annahmen – Annahmen, denen aktivistische Gruppen genauso unterliegen können wie große multinationale NGOs. Die Annahme besagt, man müsse als Zivilgesellschaft nur lange und laut genug bestimmte Positionen in den Diskurs tragen, irgendwann würde »die Politik« schon reagieren.

Wer jedoch die »andere Seite«, also die Parteien und Parlamente, von innen kennt, weiß, dass diese Logik häufig nur sehr bedingt funktioniert. Wie bereits im zweiten Kapitel beschrieben, handelt es sich bei »der Politik« um einen Raum, der von jenem der Zivilgesellschaft sehr verschieden sein kann. Während in der Zivilgesellschaft häufig mit dem »dringend gebotenen« – sei es moralisch, humanitär oder ökologisch – argumentiert wird, befasst sich »die Politik« meist recht nüchtern mit dem, was »praktisch umsetzbar« ist. Zur Einschätzung, was »praktisch umsetzbar« ist, gelangen die handelnden Personen in der Politik meist durch eine Einschätzung der politischen Großwetterlage, jedoch auch mit Blick auf »harte Faktoren« wie verfügbare Haushaltsmittel und (verfassungs-)rechtliche Rahmenbedingungen. Was jedoch fast immer entscheidend ist (und hier besteht der wohl größte Unterschied zur Zivilgesellschaft) – die handelnde Politiker*in preist bei ihrer Einschätzung *machtpolitische* Faktoren mit ein. Sprich, sie taxiert, inwiefern bestimmte Forderungen mehrheitsfähig sind. Doch dabei bleibt es nicht. Sie bewertet ebenfalls, ob sie sich selbst für die jeweilige Forderung einsetzen *kann.* Hierfür muss sie ein komplexes Geflecht an Akteur*innen und Interessen im Blick haben – die Partei- und Fraktionsführung, ihren Landesverband, die Flügel innerhalb der Fraktion, ihren Kreisverband (der als für die Aufstellung von Direktkandidat*innen zuständige Einheit eine wichtige Machtbasis für sie darstellt) sowie andere Interessensgruppen, denen sie verbunden sein mag, wie etwa Gewerkschaften oder Verbände. Es sind diese Faktoren, die ihre Einschätzung der »praktischen Umsetzbarkeit« maßgeblich beeinflussen.

Hält man sich dieses komplexe Gefüge vor Augen, das jede Politiker*in navigieren muss, wird deutlich, wie eingeschränkt eine Wirkungslogik funktioniert, die darauf ausgerichtet ist, »die Politik« unter Druck zu setzen. Denn die Abgeordneten und Regierungsmitglieder verdanken ihre Position nicht in erster Linie der Tatsache, dass sie auf *äußeren* Druck reagieren, sondern dass sie in der Lage sind, ein *internes* Interessensgeflecht zu koordinieren. Wer also will, dass eigene Positionen zu Politik beziehungsweise letztlich zu Gesetzen werden, muss dafür sorgen, Teil des *internen Gefüges* zu werden. Geschickte zivilgesellschaftliche Interessensvertreter*innen setzen deshalb schon lange auf eine Mischung aus öffentlichem Druck (etwa durch Petitionen oder Demonstrationen) und parteiinterner Vernetzung. Die Kür dieser Disziplin ist es, Positionen so innerhalb von Parteien zur Entfaltung zu bringen, dass sie Teil des Parteiprogramms werden, beziehungsweise eher als *Interna* denn als *Forderung von außen* verstanden werden.

All dies mag ein wenig kleinteilig wirken. Dabei ist es für mich ein zentraler Punkt – ein entscheidender demokratischer Mechanismus, auf den wir alle angewiesen sind. Unsere Gesellschaft kann sich nur dann weiterentwickeln, wenn diese Übertragungsleistung von der in der Zivilgesellschaft organisierten Bevölkerung auf die Parteien gelingt. Er beschreibt das *demokratische Ideal*, auf dem unser gesamtes System fußt – dass wir eine vom Volk legitimierte Regierung *durch das Volk* erleben.[39] Beherrschen wir es nicht mehr, diesen Mechanismus virtuos, umfassend und auch einmal schnell zu bedienen, haben wir keine Chance, rechtzeitig mit unserer Regierungsform auf gesellschaftliche Umwälzungen zu reagieren. Wir müssen daher stets darauf achten, dass auf beiden Seiten – in der Parteipolitik wie in der Zivilgesellschaft – die Zahnräder gut geölt sind und reibungslos laufen, damit der demokratische »Keilriemen« so wirksam arbeiten kann wie irgend möglich. Denn gerade hierin liegt die Stärke unserer Regierungsform – in ihrer Flexibilität und Anpassungsfähigkeit. Verharren Zivilgesellschaft und Parteien jeweils in ihren eigenen Sphären, gerät dieser Mechanismus ins Stottern und die Demokratie büßt nach und nach an Dynamik und Lebendigkeit ein.

Leider ist genau dies in den letzten Jahrzehnten wohl landauf, landab passiert. In den Parteien haben sich immer mehr Menschen an Entscheidungspositionen eingefunden, die ein funktionärshaftes Verständnis der eigenen Rolle haben. Mit diesem geht einher, sich vor allem an dem parteiinternen »Belohnungssystem« zu orientieren, das über die Ansammlung von Macht und Ämterhäufung funktioniert, und so den Blick auf gesellschaftliche Interessen und Umwälzungen hintenanzustellen. Zugleich handeln einige Kräfte in der Zivilgesellschaft oft sehr konfrontativ und unversöhnlich gegenüber dem Staat und seinen Repräsentant*innen. Dabei wollen sie letztlich ja eigentlich, dass dieser in ihrem Sinne tätig wird. Bedauerlicherweise wird dies oftmals zu einem hoffnungslosen Unterfangen, wenn das Äußern der eigenen Forderungen mit einer zu pauschalen und dann gegebenenfalls gar noch gegen einzelne Personen gerichteten, ehrverletzenden Kritik einhergeht. All dies lässt sich leider mit Blick auf zahlreiche Politikfelder und inhaltliche Vorhaben beobachten.

Brückenbau, Medienaufmerksamkeit, Listenplätze

Es war und ist für BNB also alles andere als ein leichtes Unterfangen, sich zwischen diesen beiden Sphären als Brückenbauer zu positionieren. Der respektvolle, sensible Umgang mit den Personen und Motivationslagen auf beiden Seiten hat uns dabei geholfen. Überhaupt liegt aus unserer Sicht eine Stärke darin, in der Politik auch einmal unabhängig von Eigeninteressen schlicht im Dienst an der Sache unterschiedliche Personen und Gruppen zusammenzubringen und ihnen dabei zu helfen, gemeinsame Positionen zu finden (hierzu mehr im vierten Kapitel, unter anderem zu unserem »Movement Politics«-Ansatz). Zudem haben wir uns stets sehr pragmatisch an dem orientiert, was uns am schnellsten ans Ziel bringt, haben konstruktive Kritik ernstgenommen und Polemik aussortiert.

Trotz aller unserer Gespräche und des gewachsenen Verständnisses für innerparteiliche Zwänge und Dynamiken standen auch wir zu Anfang vor der Herausforderung, wirklich innerhalb der Parteien wirksam zu werden. Inzwischen ist BNB eine große, überparteiliche Community mit Abgeordneten auf Europa-, Bundes-, Landes- und kommunaler Ebene geworden – dies schafft uns wertvolle Zugänge und Netzwerke, um mutige, authentische Persönlichkeiten auch innerhalb dieser Strukturen unterstützen zu können. Allein im Bundestag zählen inzwischen 23 Abgeordnete zur Gruppe der von BNB erfolgreich unterstützten MdB, die wir »Squad« nennen.[40] Zu Gründungszeiten jedoch verfügten wir über derlei Netzwerke nicht. Wir waren schon eher die »exotischen« Leute aus der Zivilgesellschaft, die plötzlich im Zuge von parteiinternen Kandidaturen als Unterstützer*innen auftauchten. Dies erforderte, dass wir besonders behutsam in der Kommunikation mit Parteivertreter*innen auftraten. So besprachen wir mit jeder Kandidat*in im Einzelfall, ob es für sie überhaupt angezeigt und wünschenswert wäre, dass wir mit ihren Parteikolleg*innen Kontakt aufnehmen. Teilweise sahen wir daher gänzlich davon ab, überhaupt mit etwa den Kreisvorsitzenden ins Gespräch zu gehen. In anderen Fällen setzten wir uns stärker ein und konnten dadurch wertvolle Überzeugungsarbeit für unsere Kandidat*in bei parteiinternen Entscheidungsträger*innen leisten.

Neben dieser Form der Unterstützung erwies sich für uns bei der ersten Bundestagswahl 2021, bei der wir aktiv wurden, vor allem ein Instrument als äußerst wirksam: Die Presse- und Öffentlichkeitsarbeit für unsere Kandis.

Wie wirksam dieses Instrument damals war, zeigen vor allem die persönlichen Geschichten von unseren ersten BNB-MdB Rasha Nasr, Armand Zorn und Kassem Taher Saleh. Von letzterem habe ich bereits im Prolog zu diesem Buch berichtet.

Rasha lernte ich das erste Mal am Rande eines SPD-Parteitages kennen, wo ich Gespräche unter anderem mit dem Bundesvorstand der Jusos führte. Ich kaute gerade an einer Gabel gebratener Nudeln, als plötzlich ein wahrer Wirbelwind an Energie, Freude und Lachen über den Tisch hereinbrach, an dem ich mit einem stellvertretenden Juso-Bundesvorsitzenden saß. Rasha hinterließ sofort einen bleibenden Eindruck mit ihrem Charisma und ihrer freundlichen, offenen Art. Zudem war mir direkt nach unserem kurzen circa zweiminütigen Gespräch damals klar: Hier hat jemand Ambitionen und keine Scheu, große Herausforderungen anzupacken. Etwa ein knappes Jahr später war Rasha, nachdem sie das Auswahlverfahren durchlaufen hatte, BNB-Kandidatin. Als Rasha zum Feld der Kandidierenden stieß, war noch nicht klar, ob sie überhaupt zur Direktkandidatin der SPD in ihrem Wahlkreis Dresden I gewählt werden würde. Selbst wenn dies gelingen sollte, war es eher unwahrscheinlich, dass Rasha das Direktmandat würde erringen können – der Wahlkreis ging seit 1990 stets an die CDU. Für einen vorderen, aussichtsreichen Platz auf der sächsischen Landesliste der SPD – bekanntlich der zweite Weg, ein Mandat zu erringen – kam Rasha kaum in Betracht. Sie war eine Newcomerin, die noch vor kurzem als Integrationsbeauftragte in Freiberg tätig gewesen und erst drei Jahre zuvor in die SPD eingetreten war. Bei BNB merkten wir schnell, dass Rasha kaum inhaltliche Betreuung brauchen würde – sie kannte das politische Geschäft aus ihrer Zeit als Mitarbeiterin der SPD Pressestelle gut genug, wusste, für welche Positionen sie einstehen will und ihre Reden waren schon damals mitreißend und on point.

Obwohl Rasha also zweifelsohne ein großes politisches Talent war, hatte sie zu dem Zeitpunkt, als sie zu BNB stieß, kaum eine realistische Aussicht auf ein Bundestagsmandat. Wegen der schwierigen Ausgangslage im Wahlkreis war die Landesliste entscheidend. Für ganz Sachsen konnte die SPD jedoch mit maximal vier Mandaten rechnen – nach der parteiinternen Logik war es eigentlich ausgeschlossen, dass eine Newcomerin wie Rasha am Ende zu diesen »Top 4« auf der Liste gehören würde.

Ich erinnere mich noch an ein Telefonat mit Rasha, es muss etwa zwei bis drei Monate vor dem Parteitag gewesen sein, auf dem die sächsische Landesliste gewählt wurde. Sie hatte sich zwischenzeitlich im Dresdener Kreisverband die Direktkandidatur in ihrem Wahlkreis sichern können. Angesprochen auf ihre Chancen, einen vorderen Listenplatz auf der Landesliste zu erhalten, machte sie sich damals keine allzu großen Hoffnungen. Sie höre von ihren Parteifreund*innen, meinte sie damals, vor allem, dass sie sich doch über die Direktkandidatur freuen solle. Mit Blick auf die Landesliste solle sie sich besser nicht »verbrennen«, sondern erst mal auf einem hinteren Platz kandidieren und dann käme schon ihre Zeit – in vier Jahren, bei der nächsten Wahl.

Als Vertreter von BNB war mein Job in diesem Kontext klar: Es ging für mich darum, Rasha zu motivieren, schon bei der Wahl 2021 alles in die Waagschale zu werfen – denn schließlich haben wir in puncto politischer Fortschritt keine Zeit zu verlieren! Zudem kannte ich diese Leier von anderen Kandidierenden: Gerade jüngere, besonders vielversprechende (und damit für »Altvordere« gegebenenfalls machtpolitisch »gefährliche«) Kandidierende erhielten häufig derlei paternalistische »Tipps« von Parteifreund*innen. Es war bei ihnen, wie insgesamt bei vielen Menschen mit marginalisierten Perspektiven, zwar erwünscht, dass sie der Partei eine Art »modernes« beziehungsweise »vielfältiges« Gesicht geben, etwa indem sie auf einem hinteren Listenplatz kandidierten – an die Macht, in Entscheidungspositionen beziehungsweise an ein Mandat sollten sie jedoch eher nicht kommen.

Hier war nun also der Moment für BNB gekommen, unsere Wirkungslogik auszuspielen. Diesen Beharrungskräften innerhalb der Partei wollten wir nicht kampflos das Feld überlassen. Rasha war aus unserer Sicht die mit Abstand stärkste, authentischste und kompetenteste Kandidatin der SPD in Sachsen – es wäre absurd und nur nach den parteiinternen Machtlogiken nachvollziehbar gewesen, wenn sie keinen vorderen Listenplatz erhalten hätte. Hinzu kam, dass Rasha die erste Person of Colour (PoC) überhaupt aus Sachsen im Deutschen Bundestag gewesen wäre.[41]

Wir legten uns für Rasha also mächtig ins Zeug. Nachdem wir damals noch kaum parteiinterne Zugänge besaßen, waren unsere Möglichkeiten, vor Ort beim sächsischen Landesvorstand für Rasha zu werben, begrenzt. Dieser war jedoch entscheidend, da er die Zusammenstellung der Landesliste koordinierte. Dies ist meist ein zentraler machtpolitischer Vorgang innerhalb der Landesverbände der Parteien. Neben dem regionalen Proporz, also der angemessenen Berücksichtigung der verschiedenen sogenannten Unterbezirke, müssen hier auch Flügellogiken sowie persönliche Verbindungen und informelle innerparteiliche Netzwerke mitberücksichtigt werden. Von Partei zu Partei und Landesverband zu Landesverband wird die Zusammenstellung der Landesliste unterschiedlich behandelt. Bei vielen Landesverbänden von B90/Die Grünen etwa ist es üblich, dass der Landesvorstand wirklich eher eine Art *Vorschlag* unterbreitet – es steht dann jedoch jedem Mitglied frei, auf dem Aufstellungsparteitag in eine Kampfkandidatur zu gehen. Diese Option gibt es *theoretisch* in allen Parteien. Oftmals jedoch sind die durch den Landesvorstand *vorgeschlagenen* Listen eher als *machtpolitisch gesetzt* anzusehen. Teilweise verknüpfen Landesvorsitzende gar ihr eigenes politisches Schicksal mit »ihrem« Listenentwurf. Man spricht dann davon, dass die Liste »gesperrt« sei – wer bis zu einem gewissen

Listenplatz eine Kampfkandidatur anstrebe, stelle sich gegen den oder die Landesvorsitzende*n und riskiere damit das eigene politische Ende, wenn er oder sie unterliegt.

Während bei B90/Die Grünen also Kampfkandidaturen durchaus akzeptiert sind, gilt man bei vielen anderen Parteien schnell als »Nestbeschmutzer*in«, wenn er oder sie eine solche anstrengt. Dies ist auch in den allermeisten Landesverbänden der SPD der Fall. Eine Kampfkandidatur wäre für Rasha also wohl ein sehr riskantes Unterfangen gewesen. Risikoärmer und auch erfolgsversprechender erschien es in ihrem Fall daher, dem Landesvorstand einen starken Eindruck zu verschaffen, was für eine wirkmächtige Kandidatin er mit Rasha vor sich hatte. Wir entschieden uns daher, alles daran zu setzen, dass Rasha ein großes Maß an persönlicher positiver Aufmerksamkeit erfährt: Wir wollten sie prominent in der Presse platzieren. Zu diesem Zweck unterstützten wir vonseiten BNB Rasha dabei, Medien und Journalist*innen zu kontaktieren. Wie wir bereits aus anderen Zusammenhängen wussten, hatte die Story von BNB einen gewissen Nachrichtenwert – mit diesem Pfund konnten wir wuchern und die starke Geschichte von Rasha als Kandidatin mit der Aufbruchserzählung von BNB verknüpfen.

Und dann geschah etwas, das wir so kaum hätten planen können – und das eine entscheidende Wende in Rashas Kampf um ein Bundestagsmandat bringen sollte. Nicht nur war Rasha in einigen Dresdener Medien sichtbar geworden, wir hatten seitens BNB auch eine Anfrage vom *SPIEGEL* erhalten, der einen größeren Beitrag über uns als Initiative schreiben wollte. Wir diskutieren intern bei BNB lange, welche unserer Kandidat*innen wir sinnigerweise mit einem Foto und einem Zitat in diesem Artikel unterbringen könnten. Es gab einige unserer Kandidierenden, die an der »magischen Schwelle« eines vielversprechenden

Listenplatzes kratzten – und zu scheitern drohten. Es war daher keine einfache Entscheidung. Da wir alle jedoch von Rashas Fähigkeiten und ihrem Potenzial als Abgeordnete überzeugt waren, entschieden wir, den *SPIEGEL* mit Rasha und ihrem Team zu verknüpfen. Eine Woche später das Resultat: ein dreiseitiger Artikel im *SPIEGEL*, mit einem ganzseitigen Bild von Rasha als Aufmacher. Darüber die Überschrift: »Deutsche AOC gesucht«. Dazu Rasha, breitbeinig, die Hände herausfordernd in die Hüften gestemmt. Bäm, das war eine Message! Bundesweit, in einem Leitmedium, war jetzt die volle Ambition und Wirkmacht von Rasha als potenzieller Abgeordneter zu sehen. Kein anderer Kandidat und keine andere Kandidatin aus Sachsen hatte damals überhaupt bundesweite Medienaufmerksamkeit vorzuweisen, geschweige denn ein ganzseitiges Foto nebst Zitat im *SPIEGEL*. Zudem der Vergleich mit Alexandria Ocasio-Cortez – der Ikone der Progressiven aus den USA. Hieran konnte kein Landesvorstand vorbeikommen. Wer solch einen möglichen Shootingstar in seinen Reihen hat und ihn dann auf einem hinteren Listenplatz »versauern« lässt, könnte schnell selbst in die Kritik geraten. Die Machtdynamik innerhalb des Landesvorstands und des Landesverbands verschob sich – der Listenvorschlag kam: Listenplatz 4 für Rasha in Sachsen. Das würde reichen.

Politische Gänsehaut: Machtlogik überwunden, die Richtige gewinnt

Wenn ich diese Zeilen schreibe, bekomme ich noch heute Gänsehaut. Es ist dieselbe Gänsehaut, die ich bekam, als ich das erste Mal die Doku über *Brand New Congress* schaute: Das Gefühl, dass hier politische Geschichte geschrieben wurde. Die Geschichte einer Außenseiterin mit marginalisierter Perspektive, die sich nicht nur zunächst gegen die patriarchalen Logiken der Mehrheitsgesellschaft durchsetzen musste – sondern am Ende vor allem gegen die Skepsis und die machtpolitischen Beharrungskräfte ihrer eigenen Partei. Jemand wie Alexandria oder Rasha gewinnt normalerweise eine solche parteiinterne Auseinandersetzung nicht. Sondern ein Thomas oder ein Stefan. Anstatt die hoffnungsstiftende, dynamische, mitreißende Kandidatin aufzustellen, entscheiden sich unsere Parteien viel zu häufig für den »verlässlichen« Kandidaten, der »jetzt einfach mal dran« war. Viele Personalentscheidungen in unserem gesamten Land, in allen Parteien, werden nach diesem Prinzip getroffen. Maßgeblich ist nicht, wer unsere Gesellschaft mit Kraft nach vorne bringen kann – sondern wer als machtpolitisch »verlässlich« gilt.

Wir können uns diesen Luxus nicht mehr erlauben. Unsere Parteien müssen die bestmöglichen Abgeordneten hervorbringen, die wir bekommen können. Unsere Demokratie braucht deren Energie, ihren Mut und ihre Tatkraft. Mit einem schrittweisen Verwalten des Status quo wird es uns nicht gelingen, die großen Herausforderungen unserer Zeit zu bewältigen. Es ist womöglich die demokratische Gretchenfrage unserer Zeit: »Liebe Demokratie, wie hältst Du es mit Deinem Personal?«

Unser demokratisches System ist schon heute massiven Angriffen vor allem von rechtsextremer Seite ausgesetzt. Neben ihrer manipulativen Fake-News-Kommunikation nutzen die Extremist*innen gezielt die Schwachstellen unserer Demokratie. Wir dürfen es nicht weiter zulassen, dass die fähigsten Leute an informellen parteiinternen Machtlogiken scheitern – anstatt für uns alle eine bessere Zukunft zu gestalten.

Rasha also wurde Bundestagsabgeordnete. Als erste weibliche PoC aus Sachsen. Am Wahlabend der SPD in Dresden trug sie das T-Shirt mit BNB-Logo. Noch am Tag zuvor war ich mit anderen BNBler*innen in Dresden gewesen. Wir besuchten Rasha und Kassem, den anderen BNB-Kandi (von B90/Die Grünen) in der Stadt. Am Wahlkampfstand der SPD, dem letzten vor der Wahl, unterhielt ich mich mit einer Parteifreundin und Unterstützerin von Rasha. Ein Satz von ihr hallt bis heute in mir nach: »Ganz ehrlich, BNB hat mehr für Rashas Kandidatur getan als die SPD.«

Natürlich haben viele Engagierte innerhalb und außerhalb der SPD gemeinschaftlich dafür gesorgt, dass Rasha Abgeordnete wurde. Ohne die Partei hätte Rashas Kandidatur von vorneherein naturgemäß keine Grundlage gehabt. Ich will dieses Zitat dennoch hier erwähnen und wirken lassen – als ein Zeugnis davon, dass wir im Politischen alles schaffen können, was wir uns vornehmen. Solange wir uns vernetzen, aus hehren Motiven heraus für ein gemeinsames übergeordnetes Ziel streiten und dabei pragmatisch immer wieder die Zusammenarbeit und die effizienteste Lösung suchen, können wir auch als Graswurzel-Initiative mit kaum finanziellen Mitteln wesentlich dazu beitragen, dass die richtigen Leute in den Bundestag kommen. Was können wir erst für unser Land und für unseren Kontinent erreichen, wenn wir so vorgehen?

Das Beste daran ist vermutlich: Rashas Geschichte war und ist kein Einzelfall. Selbst damals 2021 schon nicht, als BNB noch eine junge, rein ehrenamtliche Initiative war.

Kandidat*innen der Zivilgesellschaft

Szenenwechsel. Wir sind in Frankfurt am Main. Ein gut gelaunter Mann Anfang dreißig kommt auf mich und meinen BNB-Kollegen Samuel Brielmaier zugeschlendert. Bei bestem Sommerwetter treffen wir uns auf eine Tasse Kaffee und ein Stück Torte. Sein Gesicht ist an fast jeder Straßenecke zu sehen – er ist Direktkandidat der SPD im Wahlkreis Frankfurt am Main I. Armand Zorn heißt er, seit circa sechs Monaten ist er bereits BNB-Kandidat.

Auch Armands Geschichte ist damals jene eines politischen Außenseiters. Zwar ist er schon etwas länger als Rasha in der SPD aktiv – Chancen auf eine Kandidatur hat er aber nur sehr begrenzt. Frankfurt am Main als westdeutsche Großstadt ist ein hart umkämpftes Pflaster. Innerhalb der Frankfurter SPD rechnen sich viele ambitionierte Kandidierende Chancen bei der Bundestagswahl 2021 aus. Armand will ebenfalls kandidieren. Doch ihm, der in Halle an der Saale aufgewachsen und erst seit ein paar Jahren in der Frankfurter SPD engagiert ist, traut kaum jemand zu, sich gegen die prominenteren parteiinternen Wettbewerber durchzusetzen. Dabei wäre auch er ein vielversprechender Abgeordneter, der den Bundestag mit Elan und frischen Perspektiven bereichern könnte. Armand verfügt über Berufserfahrung als Unternehmensberater und ist Digitalexperte. Er ist smart, charismatisch und traut sich zu, große Themen anzupacken. Zudem wäre er, der in Yaoundé in Kamerun geboren ist und erst im Alter von zwölf Jahren, ohne ein Wort Deutsch zu sprechen, nach Deutschland kam, in der Lage, eine afrodeutsche Perspektive einzubringen, die bislang kaum in einem deutschen Parlament Gehör gefunden hat.[42]

Obwohl auch er also schon damals recht offensichtlich ein großes politisches Talent ist, hilft ihm dies innerhalb seiner Partei kaum weiter. Eher im Gegenteil. Armand hat große Ambitionen und großes Potenzial. Parteiintern kann einem wie ihm das teils eher schaden als dienen. Er könnte für die Frankfurter SPD unkontrollierbar, zu einflussreich werden. Wie schwer sein Stand bei seiner ersten Kandidatur vor Ort 2021 war, zeigt die Tatsache, dass Armand damals überhaupt keinen Listenplatz auf der Landesliste der hessischen SPD erhielt. Armand wer? Er verfügte nicht über das erforderliche Netzwerk, das er gebraucht hätte, um den Landesverband auf seine Seite zu ziehen.

Daher ist von vorneherein klar, dass Armand nur über ein Direktmandat überhaupt Chancen haben könnte, in den Bundestag einzuziehen. Sein Standing bei der Frankfurter SPD ist so kompliziert damals, dass wir in unseren ersten Telefonaten noch darüber diskutieren, ob es wirklich ein Frankfurter Wahlkreis oder doch einer im hessischen Umland sein sollte. Armand entscheidet sich für den Wahlkreis Frankfurt I, auch wenn er hier auf gleich zwei Wettbewerber trifft. Einer davon hat 2017 schon einmal kandidiert, gilt als Nachwuchshoffnung der Frankfurter SPD und ist bestens vernetzt. Der andere Kandidat wird vom linken Flügel der Partei unterstützt, auch für ihn werben starke Netzwerke. Am Anfang könnte man fast den Eindruck gewinnen, Armand sei halt »auch dabei«. Als dritter Kandidat ohne klare Flügelzugehörigkeit sitzt er quasi zwischen den Stühlen – ein wirklich ernstzunehmender Kandidat ist er damals in den Augen vieler Frankfurter Delegierter wohl zunächst nicht.

Dies ändert sich in den Wochen darauf schlagartig. Armand besticht nicht nur mit seiner rhetorischen und inhaltlichen Brillanz bei den von den Ortsvereinen der Frankfurter SPD abgehaltenen Vorstellungsrunden, er kann dabei auch stets mit einem Pfund wuchern: Er ist als BNB-Kandidat der »Kandidat der Zivilgesellschaft«. Dieses »Label« ist für ihn damals viel wert. Es sind die Zeiten von #BlackLivesMatter – gerade in Frankfurt am Main als multikulturell geprägter Stadt spielt die Bewegung eine große Rolle. Auch BNB ist mit #BLM vernetzt. Wir stellen Kontakte für Armand her, wie auch zur örtlichen Fridays for Future-Gruppe.

Darüber hinaus ziehen wir auch hier die Karte der Presse- und Öffentlichkeitsarbeit: Wir erhalten eine Anfrage von der *FAZ*, die über BNB berichten möchte. Natürlich platzieren wir in dem Artikel prominent Armand, der dort mit Foto auftaucht und so erstmals die Bühne der größeren Frankfurter Stadtgesellschaft betritt. Es folgen weitere Artikel in der *FAZ* sowie in regionalen Medien. Je länger das Auswahlverfahren der Frankfurter SPD in seinem Wahlkreis dauert, desto stärker wird der Kandidat Armand Zorn. Plötzlich scheint es nicht mehr ausgeschlossen, dass er sich doch gegen seine beiden Wettbewerber durchsetzt.

Dann passiert plötzlich – wie so häufig in der Politik – etwas gänzlich Unerwartetes: Wenige Tage vor der entscheidenden Aufstellungsversammlung der Frankfurter SPD muss Armands prominentester Mitbewerber und Liebling des Parteivorstandes aufgrund von Korruptionsvorwürfen seine Kandidatur zurückziehen. Auf einmal sind nur noch Armand und der Kandidat vom linken Flügel im Rennen, die Karten werden neu gemischt.

Der linke Flügel der Frankfurter SPD schmeißt jetzt noch einmal alles rein. Er wirbt intensiv bei den Delegierten für seinen Kandidaten. Bei der Aufstellungsversammlung erscheint gar noch die ehemalige Landesvorsitzende und Fast-Ministerpräsidentin Andrea Ypsilanti und hält ein flammendes Unterstützungsplädoyer für »ihren« Kandidaten. Doch im Saal grummelt es. Nicht bei allen an der Basis kommt es gut an, dass die Parteiprominenz sich hier so klar auf eine Seite schlägt und in einem lokalen parteiinternen Wettstreit so deutlich Stellung bezieht.

Das Ergebnis fällt hauchdünn aus. Mit einer knappen Mehrheit von ein paar Stimmen wird Armand zum Direktkandidaten der SPD im Wahlkreis Frankfurt am Main I gewählt. Anders als der Kandidat des linken Flügels konnte er glaubhaft vermitteln, nah an der Zivilgesellschaft und an den Leuten zu sein. Er ist euphorisch, als ich ihn kurz nach der Wahl spreche. Jetzt gehe es erst richtig los – schließlich habe er einen Wahlkreis zu gewinnen.

Auch das ist eigentlich ein weiteres wenig aussichtsreiches Unterfangen. 2017 ging der Wahlkreis noch an die CDU. Zudem werden die Grünen seit einiger Zeit in Frankfurt am Main immer stärker – es ist nur allzu wahrscheinlich, dass Armand und die Grünen-Kandidatin sich gegenseitig Stimmen wegnehmen werden und der CDU-Kandidat der lachende Dritte sein wird.

Doch dann lacht Armin Laschet, die CDU gerät ins Hintertreffen. Die Grünen stolpern über einige Fehler ihrer Spitzenkandidatin Annalena Baerbock. Und plötzlich schiebt sich die SPD nicht nur bundesweit nach vorne, auch in Frankfurt am Main I könnte es für Armand reichen.

Der zerreißt sich in diesen Wochen im Wahlkampf. Jeden Morgen steht er um 5 Uhr an einem U-Bahn-Ausgang und verteilt wahlweise Rosen oder Haselnussschnitten, zudem Flyer mit seinem Gesicht darauf. Danach legt er sich noch einmal kurz hin, Kraft tanken. Den restlichen Tag ist er im Wahlkreis unterwegs, klopft an Haustüren, geht an Schulen, spricht mit zivilgesellschaftlichen Initiativen. Ich habe selten einen so fleißigen und fröhlichen Wahlkämpfer erlebt wie Armand Zorn.

Auch an jenem Nachmittag in Frankfurt im Café ist Armand schon seit 5 Uhr auf den Beinen. Von Müdigkeit jedoch keine Spur. Vielmehr eine ansteckende Energie und Leidenschaft – da ist jemand zuversichtlich, etwas ganz Großes erreichen zu können. Und da ist jemand, der einige Hürden in seiner persönlichen Biografie überwunden hat, um jetzt an diesem Punkt stehen zu können. Ist er deswegen verzagt oder fühlt er sich unter Druck? Keinesfalls. Stattdessen ist da vor allem ein Gefühl, das spürbar wird: Der hat richtig Bock, mitzugestalten.

Wenige Wochen später wird gewählt. Armand holt das Direktmandat. Er, der Kandidat ohne Listenplatz, der Außenseiter, holt einen der umkämpftesten Wahlkreise der Republik. Angekommen in Berlin wird er sich schnell einen Namen machen. In der Frankfurter SPD wird man künftig so schnell nicht mehr an ihm vorbeikommen. In seiner ersten Legislatur wird er direkt Sprecher des »Netzwerks«, einer der drei Flügel innerhalb der SPD-Fraktion – eine Machtposition. 2025 wird er wiedergewählt, diesmal über Listenplatz 3 der Landesliste. Im Frühjahr 2025 wird er stellvertretender Fraktionsvorsitzender, zwischenzeitlich wird er auch als SPD-Generalsekretär gehandelt.

Auch das ist eine Parallele der Geschichten von Rasha und Armand, auch von Kassem, von Djenabou, von Hetav, von vielen anderen, die BNB über die Jahre auf Europa-, Bundes-, Landes- und kommunaler Ebene unterstützt hat: Sie alle gehören zu prominenten, einflussreichen Mitgliedern ihrer Fraktionen und Parteien. Ihre Strahlkraft liegt weit jenseits jener von anderen Abgeordneten. Auf Social Media gehen ihre Reden teilweise viral. Innerhalb ihrer Parteien werden gerade sie, die es zu Beginn ihrer politischen Kandidatur so schwer gehabt haben, plötzlich von Vorsitzenden und anderen Entscheidungsträger*innen als »frischer Wind« gepriesen, als neue Kräfte, die einen neuen Elan, eine wohltuende Dynamik in den Betrieb bringen.

Wann immer ich nach dem Wahltag 2021 und den Wahltagen danach eine einflussreiche Person in einer Partei derlei Dinge sagen höre, freue ich mich – und denke direkt danach: »Ja, no shit!«

Die Rashas, Armands, Kassems, Annas, Alaas und viele andere sind bereits da! Viele von ihnen bereits in den Parteien, einige an der Schwelle zum Parteieintritt. Alle von ihnen haben Bock, wollen gestalten – und sie haben genau die Tatkraft, die wir brauchen, um als Gesellschaft voranzukommen.

Diese Geschichten erzählen zu können, dafür zu sorgen, dass mehr von ihnen geschrieben werden können – die Außenseiter, die plötzlich unsere Parlamente bereichern und Menschen begeistern –, genau dafür haben wir BNB gegründet. Inzwischen gehören der BNB-Community 43 Abgeordnete in insgesamt zehn Parlamenten in ganz Deutschland an.[43]

Die politische Kultur, die unsere Demokratie braucht: Mehr Mut, mehr Tatkraft, mehr Kooperation

Ja, das ist ein Megaerfolg für uns, der unsere Erwartungen weit übertraf. Als Eva, Daniel und ich 2019 auf dem Gendarmenmarkt saßen und uns vorstellten, wie BNB wohl aussehen könnte – wir hätten es kaum für möglich gehalten, so viel zu erreichen.

Und doch bleibt ein Salzkorn bei alldem. Denn warum braucht es uns überhaupt? Wieso muss erst eine zivilgesellschaftliche Initiative daherkommen, die dabei hilft, dass solche beeindruckenden, wirkmächtigen Personen wie Rasha oder Armand in unsere Parlamente kommen?

Für Sozial- beziehungsweise politische Unternehmer gibt es eigentlich immer ein übergeordnetes Ziel. Was bei einer profitorientierten Start-up-Gründer*in der »Exit«, also der Verkauf oder Börsengang der Firma wäre, ist in meiner Branche: das Überflüssigmachen der eigenen Organisation.

So ist genau dies auch für uns bei BNB am Ende das Ziel. Denn natürlich wäre es viel effektiver, wenn die Parteien selbst diese Arbeit erledigen würden! Wenn wir dort Vorsitzende, ob auf Bundes-, Landes-, oder Kreisebene, hätten, die es als ihre oberste Aufgabe ansehen, die besten Leute in ihren Reihen zu identifizieren und auf ihrem Weg in die Parlamente zu unterstützen! Wenn wir Prozesse und Strukturen auf allen Ebenen in den Parteien hätten, die dafür sorgen, dass eine Rasha oder ein Armand eben nicht erst durch eine Initiative wie BNB oder einen Artikel im *SPIEGEL* oder in der *FAZ* jene Förderung erfahren, die sie als politische Hoffnungsträger*innen für uns alle verdienen.

Unsere große Hoffnung bei BNB ist es daher – und war es schon damals auf dem Gendarmenmarkt –, dass unsere Arbeit ein Ansporn ist für die Parteien, sich selbst von innen heraus zu reformieren und andere Wege in der Rekrutierung ihres politischen Personals zu gehen. Daher bauen wir seit über sechs Jahren eine überparteiliche Community auf, die sich immer stärker selbst trägt und aus sich selbst heraus größer wird. Daher führen wir noch immer landauf, landab Gespräche mit Parteivertreter*innen. Daher schreibe ich letztlich auch dieses Buch, um den Ansatz von BNB noch breiter bekannt zu machen – um unsere politischen Parteien schrittweise und nachhaltig zu einer Anpassung ihrer *politischen Kultur* zu animieren, die unserer Demokratie (noch) mehr Resilienz und Wirkmacht beschert. Eine politische Kultur, die nicht in erster Linie auf die Ansammlung von Macht oder das Finden der »smartesten Lösungen« fokussiert ist, sondern die unser ganzes Land, alle in ihr vertretenen Perspektiven in den Blick nimmt und dann pragmatisch darüber entscheidet, wer im Sinne unseres übergeordneten Gemeinwohlinteresses die bestmöglichen Repräsentant*innen des Volkes in unseren Parlamenten wären.

Wenn wir Parteien erleben, die ehrlich arbeitsteilig vorgehen, in denen nicht jedes Vorsitzendenamt zur Machtakkumulation genutzt wird, sondern vielmehr als Plattform dient, um für uns alle die besten Leute zu finden und sie auf ihrem Weg zu unterstützen – dann werden wir auch ein anderes Land erleben. Und eine Demokratie, der Menschen wieder stärker vertrauen.

Erste Anzeichen davon sehen wir auch bereits: Es gibt Ortsverbände, die einen offenen Wettbewerb, ganz ähnlich dem BNB-internen Auswahlverfahren, veranstalten, um geeignete Kandidierende zu finden. Es gibt Landesverbände, die sich »Neuenquoten« für ihre Landeslisten geben, wonach zum Beispiel mindestens jeder dritte Listenplatz für erstmals Kandidierende vorgehalten werden muss. Und es gibt parteiinterne Mentoring-Verfahren und Parteischulen, die verheißungsvolle Neumitglieder dabei unterstützen sollen, ihren Weg in der Partei zu finden.

All das sind Schritte in die richtige Richtung. Es ist kein »Gedöns«, sondern womöglich ein entscheidender Faktor für das Überleben unserer Demokratie.

Viertes Kapitel
How to move politics

Luisa Neubauer ist ein paar Minuten spät dran. Sie huscht durch die Tür des schon vollbesetzten Ausschusssaales im Deutschen Bundestag. Als sie ihren Fahrradhelm auf den Tisch legt und ihre Jacke auszieht, blickt sie in die Gesichter von gut 100 Mitarbeitenden von MdB, von LINKE bis Union. Luisa setzt sich zu den anderen Referierenden und mir. Wir sind schon mittendrin in der Debatte, es geht um ein Kernprojekt von Brand New Bundestag, wir haben es *Brand New Agenda* genannt.

Wait, was genau machen Luisa und ich da? Und wer ist überhaupt *wir*? Wieso sitzen wir in einem Ausschusssaal des Bundestages? All das und einiges mehr soll dieses Kapitel behandeln. Wir steigen ein in die Frage, wie wir Politik und Zivilgesellschaft, Parlament und Straße zusammenbringen müssen, um wirklich nachhaltig etwas zu bewegen.

Die drei BNB-Säulen: Empowerment, Community und Change

Zunächst aber machen wir einen kurzen Sprung zurück zu Anfang 2020 – erst ein paar Basics, bevor wir in die Szene im Ausschusssaal des Bundestags zurückkehren. Zu dieser Zeit starten wir mit BNB so richtig. Wir launchen unsere Website und unsere Social-Media-Kanäle und verschicken die ersten Bewerbungsaufrufe. Schnell sind wir circa 50 Ehrenamtliche, die auf ganz Deutschland verteilt sind und unsere Initiative zum Leben erwecken. Bis zum Wahltag wird diese Community auf über 250 Volunteers anwachsen.

In dieser Anfangszeit steht für uns das Finden unserer Kandidierenden im Fokus. Wir kontaktieren unterschiedliche gesellschaftliche Gruppen, wie Migrant*innenselbstorganisationen, Bildungseinrichtungen, Gewerkschaften und zivilgesellschaftliche Initiativen, erläutern unser Vorhaben und was wir den Kandis bieten können, entwickeln gemeinsam mit einer Wirtschaftspsychologin ein Bewerbungs- und Auswahlverfahren und veröffentlichen Anfang April 2020 den ersten Nominierungsaufruf. Wer BNB-Kandidat*in werden will, muss von jemandem nominiert werden – ganz so wie es damals der Bruder von Alexandria Ocasio-Cortez (AOC) war, der sie bei *Brand New Congress* und *Justice Democrats* nominiert hatte. Bis Anfang Juli werden mehrere Hundert Nominierungen bei uns eintreffen, das Bewerber*innenfeld ist stark und die Entscheidung wird der von uns ernannten Jury nicht leichtfallen. Mit dabei: ein gewisser Armand Zorn. Rasha Nasr und Kassem Taher Saleh kommen in der nächsten Auswahlrunde im Herbst 2020 dazu.

Wir sind zu dieser Zeit head over heels versunken in der Auswahl und Betreuung von Kandidierenden. Und doch denken wir auch zum damaligen Zeitpunkt schon an das mögliche *Danach*. Wir wissen, dass wir so gut wie keine Chance haben, als frisch gegründete, ehrenamtliche Initiative wirklich Leute in den Bundestag zu bringen. Nichtsdestoweniger ist uns nach den Wochen und Monaten der Vorbereitung sehr präsent, dass die Wirkungslogik von BNB nicht endet, sobald wir erfolgreich Menschen auf ihrem Weg in das Parlament begleitet haben. Im Gegenteil – in gewisser Weise geht es dann erst richtig los.

Um Dir das alles, liebe*r Leser*in, verständlicher zu machen, lass mich Dir einmal in aller Kürze erläutern, welche Wirkungslogik wir mit BNB eigentlich verfolgen. So sprechen wir von *drei Säulen*, auf denen die Aktivitäten unserer Organisation fußen – *Empowerment*, *Community* und *Change*.

Unter *Empowerment* (Bemächtigung) verstehen wir die Unterstützung unserer Kandidierenden. Hierüber haben wir schon im dritten Kapitel ausführlicher gesprochen. Ziel ist es, die bestmöglichen Leute zu finden und sie auf ihrem Weg zu begleiten, wirkmächtige Kandis und Abgeordnete zu werden.

Der Begriff *Community* (Gemeinschaft) kennzeichnet unseren Ansatz, eine von Ehrenamtlichen getragene Organisation zu sein. Diesen *»volunteer-based approach«* haben wir von unseren US-Vorbildorganisationen, darunter *Brand New Congress* und *Justice Democrats*, übernommen. Er ist für uns mehr als ein bloßes Organisationsprinzip. Vielmehr ist die *Community* die Grundlage für alles, was wir bei BNB tun.

Sie ist offen für alle, die sich mit den Zielen von BNB identifizieren und mitmachen wollen. Ein paar Klicks auf der Website und schon findet man sich ein paar Tage später in einem Onboarding-Termin wieder, bei dem konkrete Aufgaben und Rollen verteilt werden. Es ist unser Anspruch, politisches Engagement so einfach und inspirierend wie möglich zu gestalten – und das gilt nicht nur für die Parteien, sondern auch für uns selbst als Organisation. Walk the talk. Jede*r, der oder die will, soll bei BNB mit anpacken können.

Die Community ist das *Graswurzel*-Element unserer Arbeit – wir setzen auf die Gruppe, ihr Wissen, ihre Fähigkeiten und Perspektiven, auch als Feedback-Raum beziehungsweise Korrektiv für das, was das – inzwischen hauptamtliche – Koordinations-

Team anschieben will. Zudem ist die *Community* ein Lernort, an dem zentrales politisches Wissen, vor allem informelles sogenanntes *Herrschaftswissen*,[44] erworben und weitergegeben werden kann. Wir lernen von unseren Volunteers, diese untereinander, und auch Parteivertreter*innen und zivilgesellschaftlich Engagierte tauschen sich bei uns aus und gleichen ihre Erfahrungswerte ab.

Wie wirkmächtig unsere Community sein kann, zeigt vor allem die atemberaubende Geschichte unserer ehemaligen Volunteer Lena Werner. Lena kommt aus einer ländlichen Ecke bei Trier in Rheinland-Pfalz, Wittlich um genau zu sein, und war seit Herbst 2020 in unserem Datenteam aktiv. Lena ist SPD-Mitglied und hört, dass ihre Partei vor Ort nach Kandidierenden sucht. Es sind noch jene Zeiten im Bundestagswahlkampf 2021, in denen die SPD abgeschlagen auf Platz 3 in den Umfragen hinter B90/Die Grünen und der Union liegt. Die SPD-Herren vor Ort rechnen sich kaum Chancen aus, das Direktmandat zu holen. Zudem macht es der regionale Proporz in der Ecke rund um Trier unwahrscheinlich, dass dem Wahlkreis ein vorderer Listenplatz auf der Landesliste zugestanden werden wird. Es will also niemand so richtig kandidieren.

Im Januar 2021 klingelt mein Handy. Lena ist dran und klingt angefixt. Schließlich höre sie bei BNB ja die ganze Zeit, wie wichtig es sei, dass junge Leute und vor allem Frauen kandidieren. Soll sie es nicht einfach machen? Auch wenn sie bislang nicht allzu aktiv war in der Partei? Ist das völlig verrückt – oder vielleicht sogar genau richtig?

Meine Perspektive ist klar: Natürlich soll sie kandidieren! Aus meiner Sicht wäre Lena eine echte Bereicherung für das Parlament, zudem ist das eine Chance, eine stark unterrepräsentierte Perspektive in den neuen Bundestag zu bringen.

Sie wirft also tatsächlich ihren Hut in den Ring. Ein paar Wochen später steht es fest: Sie wird tatsächlich als Direktkandidatin der SPD in ihrem Wahlkreis Bitburg aufgestellt.

Bei der Listenaufstellung erhält Lena wie erwartet zwar erst mal einen eher wenig aussichtsreichen Listenplatz im Mittelfeld. Doch am Wahltag 2021 kommt es bekanntlich anders, als es die Umfragen noch im Frühjahr 2021 voraussahen. Die SPD wird stärkste Kraft und Lenas Listenplatz zieht gerade so doch noch. Mit einem der letzten sogenannten Ausgleichsmandate wird sie in den frühen Morgenstunden des 27. September 2021 zur Bundestagsabgeordneten – eine Entwicklung, die noch wenige Monate zuvor eigentlich unmöglich zu erwarten gewesen wäre.

Lena selbst und wir alle bei BNB können ihre Geschichte noch immer kaum fassen. Quasi über Nacht muss sie ihren Job bei der Deutschen Gesellschaft für Internationale Zusammenarbeit (GIZ) kündigen und sich eine Wohnung in Berlin suchen, völlig unverhofft wird sie von der Volunteer zur Abgeordneten. Besser kann man die Idee unserer *Community* nicht veranschaulichen: Wir wollen eine Gruppe sein, die sich gegenseitig darin bestärkt, das Beste für unsere Gesellschaft zu geben, sie im Sinne unserer überparteilichen Zukunftsagenda weiterzuentwickeln und jene Positionen einzunehmen, von denen aus dies am besten gelingt. Ganz egal, welcher Partei jemand angehört, ob sie in der Zivilgesellschaft oder einfach in der BNB-Community mitwirkt – für uns gehört alles zusammen, wir wollen diese gesellschaftlichen Bereiche zusammenführen und das wird jetzt gleich wichtig werden.

Denn der dritten Säule von BNB, der wir den Begriff *Change* (Veränderung) zugeordnet haben, wollen wir uns jetzt noch ausführlicher widmen (und sogleich werde ich auch erklären, was das mit dem Termin mit den 100 MdB-Mitarbeiter*innen im

Bundestag zu tun hat). Wie der Name dieser dritten Säule erkennen lässt, geht es hier um die direkte *Veränderung* von Politik. Gewissermaßen kommen wir damit zum Kern der Arbeit von BNB: Aufbauend auf unserer Community unterstützen wir Kandidierende bei ihrem Weg in die Parlamente, um dort mit ihnen Politik zu gestalten. Die *konkrete* Veränderung von Politik, um unsere Gesellschaft zukunftsfähig zu machen, ist das übergeordnete Ziel von BNB.

Dieser Teil unserer Arbeit findet zu großen Teilen in der »Herzkammer« unserer Demokratie statt, im Parlament. Wir unterhalten als BNB dort unsere sogenannte *Movement Politics Plattform*. Nun, was genau soll das sein?

Der Begriff der *Movement Politics* stammt aus den USA.[45] Er bezeichnet ein Verständnis von Politik, das sich aus der Kraft kollektiver Bewegungen speist. Parlamente und ihre Abgeordneten werden nicht als Gegensatz zur Zivilgesellschaft und ihren Bewegungen beziehungsweise Initiativen verstanden, sondern als Teil beziehungsweise Verlängerung davon. So wird die parlamentarische Arbeit als *Fortsetzung* des zivilgesellschaftlichen Engagements verstanden – nur eben innerhalb der Institution »Parlament«. Kandidierende, die auf solch einer Grundlage aktiv werden, verstehen sich als in besonderem Maße mit der Zivilgesellschaft, sozialen Bewegungen und der Bevölkerung verbunden. Sie tragen eine starke Identifikation mit den Werten und Zielen in sich, für die sie im Wahlkampf geworben haben. Als eine zentrale Aufgabe ihres Mandats sehen sie es an, Brücken zwischen Parlament und Straße zu schlagen und als Sprachrohr der Zivilgesellschaft zu fungieren.[46]

Aufbauend auf diesem Verständnis folgt unsere *Movement Politics Plattform* dem Grundprinzip, den oftmals empfundenen beziehungsweise aus unserer Sicht häufig konstruierten Gegensatz von

Politik und Zivilgesellschaft aufzulösen. Akteur*innen aus beiden Bereichen sollen dazu befähigt werden, strategisch verzahnt gemeinsam zu agieren. Einen Anknüpfungspunkt bietet hier auch unser Grundgesetz: Nach Artikel 21 wirken Parteien »bei der politischen Willensbildung des Volkes mit.« Geht es nach unserer Verfassung, sollen Parteien also *Teil* dieses Prozesses sein, nicht ihn exklusiv für sich in einem internen Funktionärswesen beanspruchen.

Zu diesem Zweck schaffen wir Räume, in denen die Akteur*innen sich in entspannter, vertrauter Atmosphäre begegnen und gemeinsame Ideen entwickeln können. Schließlich teilen viele von ihnen inhaltliche Anliegen. Was die eine dazu animiert haben mag, für den Bundestag zu kandidieren, kann die Motivation des anderen sein, in einer zivilgesellschaftlichen Initiative aktiv zu sein. Die Stoßrichtung, in die sie arbeiten wollen, ist dieselbe – sie haben nur völlig unterschiedliche Instrumente in der Hand, um dies zu tun. Und praktischerweise ergänzen sich diese Instrumente – Gesetze auf der einen, öffentliches Campaigning auf der anderen – auch noch gegenseitig. Kombiniert können sie jene politische Veränderungskraft entfalten, nach der große Teile der Bevölkerung sich regelmäßig sehnen.

Das demokratische »A-Game« spielen

Kehren wir nun zurück in den Ausschusssaal des Deutschen Bundestags, in dem Luisa Neubauer neben anderen Vertreter*innen zivilgesellschaftlicher Initiativen und mir Platz genommen hat. Wir sind dort versammelt, um unsere *Brand New Agenda* vorzustellen – ein übergreifendes Zukunftsprogramm, dessen Erarbeitung wir koordiniert haben. Mitgewirkt hat auch eine überparteiliche Gruppe von Politiker*innen, zudem Wissenschaftler*innen und eine große Runde an Expert*innen aus der Zivilgesellschaft und der Wirtschaft. Die *Brand New Agenda* erweitert und aktualisiert die Forderungen von BNB, die wir zur Gründung unserer Organisation formuliert hatten, und stellt somit eine wichtige inhaltliche Grundlage für unsere Arbeit dar.[47] Unsere BNB-Forderungen und Positionen passen wir regelmäßig an neue politische Entwicklungen an.

An diesem Nachmittag im Parlament ist für uns vor allem eines wichtig: Wir wollen den über 100 Mitarbeitenden von MdB verständlich machen, wie breit der gesellschaftliche Konsens in einigen Zukunftsthemen eigentlich reicht. Befragen wir die führenden Expert*innen aus den unterschiedlichen Sektoren, etwa zu Klima, Wirtschaft oder sozialen Sicherungssystemen (zu den Inhalten der *Brand New Agenda* gleich unten mehr), tragen ihr Wissen zusammen und kondensieren alles in einem einzelnen Dokument, ergibt sich daraus ein klares Arbeitsprogramm mit konkreten inhaltlichen Zielen für unsere Parlamente und Regierungen. Natürlich würden einzelne Expert*innen und Parteivertreter*innen unterschiedliche Prioritäten setzen und sich leidenschaftlich darüber streiten können, welche *Maßnahmen* am schnellsten an das Ziel führen – innerhalb des pro-demokratischen Parteienspektrums von LINKE bis Union herrscht jedoch weitgehende Einigkeit, wohin unser Land im Wesentlichen steuern muss und was wir hierfür umsetzen müssen.

Umso absurder ist es, wenn wir in den Wahlkämpfen Parteien und ihre Spitzenkandidat*innen erleben, die krampfhaft darum bemüht sind, hervorzuheben, dass sie doch ganz unterschiedliche Programme und Ziele verfolgen würden.

Ein krasses Beispiel in dieser Hinsicht lieferte einige Jahre später Friedrich Merz. Im Bundestagswahlkampf 2025 war eine seiner zentralen Botschaften, die er auf den Wahlkampfbühnen des Landes verbreitete, die Schuldenbremse zunächst beizubehalten und überhaupt Einsparungen im Haushalt vornehmen zu wollen. Olaf Scholz wies in diesem Wahlkampf hingegen stetig darauf hin, dass dies fern jeder Realität sei, da allein wegen des Krieges in der Ukraine und der Wiederwahl von Donald Trump solch ein hoher Investitionsbedarf in Rüstungsgüter bestehe, dass neue Schulden unumgänglich seien. Auch die Ampel-Koalition war schon an dieser Frage zerbrochen – der FDP-Finanzminister Lindner wollte unbedingt sparen und zog lieber in die »offene Feldschlacht« gegen SPD und B90/Die Grünen, als neue Schulden zu machen.[48]

Selbst in solch einer Frage, in der die faktischen Zwänge, hier das Geld, auf der Hand liegen – wer plötzlich große Beträge in Rüstung investieren will, wird wohl auch neue Schulden machen müssen –, versuchen Politiker*innen immer wieder eher, sich zu profilieren, als schlicht zu sagen, was eigentlich Sache ist. Insofern war es für mich und viele andere Beobachter*innen im politischen Berlin wenig überraschend, dass Friedrich Merz die Schuldenbremse nach der Wahl in Teilen aussetzen, grundlegend reformieren und neue Schulden aufnehmen würde – dass er dies dann noch tat, bevor er überhaupt als Bundeskanzler vereidigt wurde und hierfür gar noch die bestehende Mehrheit im alten Parlament, gemeinsam mit SPD und B90/Die Grünen, nutzte,[49] war dann noch eine besondere Pointe dieses Wahlkampfes 2025. Was gestern (im Wahlkampf) noch galt, gilt unter Kanzler Merz nimmermehr.

Wer so agiert, riskiert, das Vertrauen der Menschen in unserem Land zu verlieren. Am rechten Rand unserer Gesellschaft stehen gut organisierte, strategisch geschickte und zu allem entschlossene Akteur*innen, die nichts unversucht lassen werden, um unsere Demokratie schleichend auszuhöhlen und ihre Vorstellung von einer autoritären, wohl auch faschistoiden Gesellschaftsform zu etablieren. Um gegen diese skrupellosen Kräfte zu bestehen, müssen wir unser absolutes demokratisches »A-Game« spielen. Wir müssen das gesamte Potenzial ausschöpfen, das uns die parlamentarische Demokratie bietet. Wir müssen die ihr innewohnende Flexibilität und Gestaltungsfähigkeit auf Augenhöhe nutzen, um ihr als System und damit uns als freiheitsliebenden, zukunftsorientierten Menschen einen Vorteil in diesem Wettbewerb mit den Autoritären von Rechtsaußen zu verschaffen. Hierfür müssen wir ehrlich kommunizieren und klar rüberbringen, was die tatsächlichen Handlungsoptionen der Politik sind. Wir brauchen Politiker*innen, die viel mehr und häufiger erklären, weshalb Entscheidungen ausfallen, wie sie eben ausfallen. Und wir brauchen von ihnen auch dann eine redliche Kommunikation, wenn sie erkennen: Stimmt, da hat mein*e Wettbewerber*in gerade eigentlich recht. Anstatt auf diesem Terrain zu versuchen, mit haltlosen inhaltlichen Argumenten einen Punkt zu machen, sollte der Wettbewerb zwischen den pro-demokratischen Kräften darin bestehen, für das eigene Konzept als das Beste zu werben, um die zweifelsohne gebotenen *übergeordneten Ziele* unseres Landes zu erreichen.

Denn die Klimakrise ist ein Fakt. Sie setzt jeglicher Politik einen klaren Rahmen. Unsere Gesellschaft und Wirtschaft müssen schnellstmöglich klimaneutral werden. Auch die Alterung unserer Bevölkerung ist ein Fakt. Wir brauchen Zuwanderung, um unsere Wirtschaft am Laufen zu halten, unsere Renten zu sichern und unser Sozialsystem vor dem Kollaps zu bewahren. Ferner ist leider auch die Vergiftung des demokratischen Diskurses durch die Sozialen Medien ein Fakt. Wir müssen sie stärker regulieren und neue, demokratiestabilisierende digitale Diskursräume schaffen. Diese und viele weitere unverrückbare Fakten setzen den Rahmen, in dem Politik wirksam werden kann und muss. Anstatt so zu tun, als könnten wir diese Fakten leugnen, ist es der Auftrag an die Politiker*innen, aber auch Multiplikator*innen in der Zivilgesellschaft und Entscheidungsträger*innen in Wissenschaft und Wirtschaft, diesen Rahmen zu erklären und sodann aufzuzeigen, welche Wege wir beschreiten können, um unseren gemeinsamen Zielen näher zu kommen.

Die Brand New Agenda: Überparteiliches Arbeitsprogramm für eine zukunftsfähige Gesellschaft

Im September 2022 hatten wir es im Vorwort unseres Zukunftsprogramms so erläutert:

> »Die Brand New Agenda formuliert eine klare Vision und ein gemeinsames Ziel für ein zukunftsfähiges, nachhaltiges Deutschland mit gleichen Rechten für alle. Dabei nimmt sie eine ganzheitliche Perspektive über sämtliche relevante Politikfelder hinweg ein und wird so der komplexen Wechselwirkung ökologischer, wirtschaftlicher und sozialer Prozesse gerecht. Für zentrale Zukunftsfelder werden politische Ziele definiert, die zusammen ein Arbeitsprogramm für die Transformation hin zu einer zukunftsfähigen Gesellschaft bilden. Die Brand New Agenda unterstreicht die Gemeinsamkeiten in den Bestrebungen und Ambitionen der zukunftsorientierten Zivilgesellschaft und formuliert ein Angebot an alle politischen Akteur*innen, alte Denkmuster, politische Gräben und gesellschaftliche Lager zu überwinden, um den Schulterschluss im Namen der Zukunft zu erreichen.«[50]

Die *Brand New Agenda* ist also unser inhaltlicher Leitstern. Zu ihrer Umsetzung wollen wir mit unserer *Movement Politics Plattform* beitragen – und den so dringend nötigen Schulterschluss zwischen allen politischen Kräften in unserem Land, die eine bessere, nachhaltige Zukunft für uns alle gestalten wollen, erreichen. Denn wenn wir unsere Gesellschaft dauerhaft transformieren – was letztlich einfach so viel heißt wie »besser machen« – wollen, so brauchen wir hierfür einen parteiübergreifenden Konsens, zumindest was die übergeordneten Ziele betrifft. Schließlich wissen wir alle, dass Mehrheiten wechseln, Regierungen abgewählt werden und neue Koalitionen an die Macht kommen. Wenn wir uns als Gesellschaft und als Parteipolitik parteiübergreifend nicht auf zentrale Reformvorhaben verständigen können, laufen wir Gefahr, mit der einen Regierung im Hinblick auf diese notwendigen Veränderungen einen Schritt in diese, mit der anderen Regierung einen Schritt in die andere Richtung zugehen – mit dem Ergebnis, dass wir schlicht auf der Stelle stehen bleiben.

Diese Verständigung, dieser partei- und gesellschaftsübergreifende Konsens ist so viel näher, als wir denken. Bei allen intensiven, hitzigen Debatten auf Social Media oder im TV, bei denen wir den Eindruck bekommen können, unser Land stünde kurz vor dem totalen Zusammenbruch, stehen wir alle doch sehr viel näher zusammen, als wir denken. Dies hat nicht nur die Arbeit von Steffen Mau und anderen Soziolog*innen sowie die Studien von More in Common hervorgebracht[51] – es ist auch eine konkrete Erfahrung mit unserer Arbeit an der *Brand New Agenda* gewesen.

Als ich dem BNB-Team das Vorhaben erläuterte, eine Agenda der gesamten Zivilgesellschaft, Wirtschaft, Wissenschaft und Parteipolitik zusammenzustellen, dachten einige bestimmt im ersten Moment, ich sei verrückt geworden. Zu fragmentiert und widersprüchlich – und zu zahlreich – sind die inhaltlichen Positionen im Land doch, oder nicht?

Natürlich wäre es unmöglich, alle vorgeschlagenen Maßnahmen und *policies* zusammenzuführen, für die irgendwer im Land einmal geworben hat. Das wäre wohl in der Tat ein verrücktes, weil endloses Unterfangen. Es sieht jedoch schon anders aus, wenn man sich darauf beschränkt, die *Politikziele* zusammenzutragen. Fokussiert man sich dann noch auf die zentralen, fakten- und datengetrieben arbeitenden Institutionen und Expert*innen in unserem Land – ganz gleich ob aus Zivilgesellschaft, Wirtschaft, Politik oder Wissenschaft – und lässt mithin die Populist*innen an den Rändern unserer Gesellschaft mit ihren Fake News und Manipulationsversuchen außen vor, entsteht plötzlich ein erstaunlich einhelliges Bild.

Ich erinnere mich noch gut an diesen Moment im Erarbeitungsprozess der *Brand New Agenda* damals: Es war uns durch die redaktionelle Arbeit tatsächlich in wenigen Wochen gelungen, ein Papier mit Politikzielen zusammenzustellen, das insgesamt 14 Politikfelder behandelte, darunter unter anderem Klima, Soziale Gerechtigkeit, Wirtschaft, Digitalisierung sowie Asyl und Migration. In einem mehrstufigen Beteiligungsprozess holten wir sodann die Impulse von zahlreichen Expert*innen und Partnerorganisationen ein.

Vor unserem ersten Videocall in großer Runde waren wir sehr aufgeregt – wie würde das Feedback der Teilnehmer*innen ausfallen? Der Call selbst war verblüffend: Zwar gab es teilweise Anmerkungen und Ergänzungen – niemand aber stellte grundlegend infrage, dass es möglich sei, die jeweiligen Politikfelder anhand dieser zentralen Politikziele zusammenzufassen.

Noch erstaunlicher wurde es dann bei jener Sitzung im Ausschusssaal, bei der Luisa Neubauer zum Klimaschutz-Abschnitt

Position bezog, ein Migrationsexperte die Politikziele der *Brand New Agenda* auf seinem Fachgebiet einordnete und eine Vertreterin von HateAid zur Digitalpolitik Stellung nahm. Obwohl Mitarbeitende von so unterschiedlichen, gar gegensätzlichen Fraktionen, beziehungsweise von MdB von der LINKEN sowie von der CSU, im Raum waren, herrschte im Ausschusssaal vor allem – einhellige Zustimmung. Fragen, die gestellt wurden, waren in erster Linie Verständnisfragen zu den Politikzielen oder zum Erarbeitungsprozess der *Brand New Agenda*. Inhaltlich stimmten nicht nur quasi alle Fragesteller*innen dieser Agenda zu – es herrschte eine Atmosphäre, als hätten die meisten der anwesenden Personen im Raum ein »ist doch klar« im Kopf oder auf den Lippen.

Klar, auch die Teilnehmenden dieser Sitzung waren natürlich vorgefiltert. Unsere Einladung hatte sie über unser MdB-Netzwerk erreicht. Insofern arbeiteten sie tendenziell alle eher für die *zukunftsorientierteren* Abgeordneten der jeweiligen Fraktionen. Doch sie kamen eben alle aus unterschiedlichen politischen Traditionen und Denkschulen – manche waren Liberale, andere Grüne, manche Konservative, andere Sozialdemokrat*innen oder Linke. Und sie hatten so gut wie keinen Dissens, was die inhaltlichen Zielstellungen der *Brand New Agenda* betraf.

Selten habe ich solch eine starke politische Energie, so eine Euphorie des Aufbruchs und das Bedürfnis, zur Tat zu schreiten, in einem politischen Raum gespürt wie damals bei der Vorstellung der *Brand New Agenda* im Deutschen Bundestag. Die MdB-Mitarbeitenden, die dort versammelt waren, die meisten von ihnen waren zwischen 20 und 40 Jahre alt, wollten anpacken. Das von uns vorgestellte Papier gab ihnen wohl am ehesten das Gefühl: Ja, klar, die Ziele kenne und teile ich, aber wie können wir jetzt loslegen?

Das ist bemerkenswert, oder? Eigentlich wollen, wenn nicht wir alle, dann doch zumindest viele, sehr viele von uns dasselbe. Wir können uns sogar auf gemeinsame Politikziele verständigen. Und dennoch haben wir das Gefühl, als Land und Gesellschaft nicht so richtig vom Fleck zu kommen. Was läuft da schief?

Aus unserer Sicht so einiges. Wir führen die falschen Debatten, verkämpfen uns an der falschen Stelle und erleben ein politisches System und eine politische Kultur, die uns häufig eher daran hindert, unsere gemeinsamen Ziele auch wirklich zu erreichen. Dies vermittelt das Gefühl, dass wir nicht wirklich mitgestalten können – und in der Folge vertrauen wir dem, was in unseren Parlamenten und Parteien passiert, immer weniger beziehungsweise irgendwann nicht mehr.

Dabei können wir es anders machen. Und das ist gar nicht mal so schwer.

Die Movement Politics Plattform: Ein überparteilicher Austauschraum

Das zentrale Element unserer *Movement Politics Plattform* ist, in Parlamentssprache ausgedrückt, unser BNB-*Parlamentskreis*.[52] Ihm gehörten in der vergangenen 20. Wahlperiode 35 Bundestagsabgeordnete an. In dieser 21. Wahlperiode besteht alleine die BNB-»Squad«, also die Gruppe der von BNB erfolgreich unterstützten Kandis, bereits aus 23 Abgeordneten. Verzeichnen diese ähnlich viele Zugänge von weiteren Abgeordneten wie in der letzten Wahlperiode, dürfte der Parlamentskreis in dieser Legislatur sogar noch größer werden als zu Zeiten der »Ampel«-Regierung. Vertreten in der Gruppe sind MdB von LINKE, SPD, B90/Die Grünen und Union. Sie alle haben gemein, dass sie sich für eine zukunftsorientierte Politik einsetzen und so auf die Ziele hinarbeiten, die auch BNB verfolgt. Diese Gruppe bringen wir als BNB regelmäßig zusammen. Mal wird in einem Restaurant über die allgemeine politische Lage diskutiert und das persönliche Kennenlernen steht im Vordergrund. Mal treffen wir uns in einem Büro oder Sitzungsraum des Bundestages, um konkret über inhaltliche Vorhaben zu sprechen. Es ist einer der ganz wenigen wirklich *überparteilichen* Austauschräume – für gewöhnlich bewegen sich die Abgeordneten im Wesentlichen in ihren Fraktionen. (Wie wichtig dieser überparteiliche Austausch ist und welche Chancen hierin für uns alle liegen, werde ich genauer im fünften Kapitel behandeln.)

Viele dieser Diskussionen sind informell und vertraulich. Wir sprechen Tacheles darüber, wie genau die machtpolitische Gemengelage im Parlament aussieht. Dabei schrecken wir auch nicht davor zurück, kontroverse Themen anzusprechen. Vor allem aber ist es ein Raum des gegenseitigen Lernens, Verstehens und Sich-Verbindens. Ganz zu Anfang hatten wir mal eine Session organisiert, bei der drei Bundestagsabgeordnete, die schon länger dabei waren, den »Neuen« ihre Tipps mit auf den Weg gegeben haben. »Esst regelmäßig« oder »lasst Arzttermine nicht schleifen« lauteten da etwa welche – für den stressigen Alltag der MdB auf jeden Fall wichtige und relevante Hinweise. Generell aber fehlt auch im parlamentarischen Betrieb einfach häufig die Zeit, inhaltliche Debatten oder Argumente überhaupt zu verstehen und sich eine eigene Meinung zu bilden. Daher tragen die Abgeordneten oft in diesen Runden erst mal ihre verschiedenen Sichtweisen und Verständnisse zusammen – um sich dann ein Bild zu verschaffen, wie die anderen es sehen, und was dabei gegebenenfalls auch Unterschiede in den Positionierungen der Fraktionen beziehungsweise der Flügel innerhalb der Fraktionen sind.

Wir sind als BNB hierbei meist in einer zuhörenden und moderierenden Rolle, der *Convener*, wie es im Englischen heißt. Wir verfolgen die Debatte der MdB – und wenn wir den Eindruck haben, dass sich gerade ein sogenanntes *Möglichkeitsfenster* auftut, im parlamentarischen Verfahren etwas zu einer zukunftsfähigen Politik beizutragen, dann werfen wir einen entsprechenden Impuls ein und schlagen den Abgeordneten ein Vorgehen vor beziehungsweise verstärken eine Initiative, die aus der Runde hervorgeht.

Je nach Bedarf und Thema laden wir zudem zivilgesellschaftliche Vertreter*innen oder Expert*innen aus Wissenschaft oder Wirtschaft zu diesen Runden dazu. Hierdurch bringen wir deren inhaltliche Positionen direkt in den Austausch mit den Abgeordneten. Nicht selten entstehen hieraus konkrete Ansätze, wie ein bestimmtes Gesetzesvorhaben am besten begleitet werden sollte – und anders als bei den »üblichen« Begegnungen von MdB mit Expert*innen beziehungsweise Vertreter*innen der Zivilgesellschaft (vgl. dazu das zweite Kapitel) werden hier auch die *machtpolitischen* Rahmenbedingungen erörtert. Für die anwesenden Expert*innen wird dadurch nachvollziehbar, weshalb ein*e Abgeordnete*r oder Fraktion sich mit Blick auf ein konkretes inhaltliches Anliegen so oder so positioniert – eben etwa weil es der Flügellogik innerhalb der Fraktion entspricht, der Kreisverband diese Forderung unbedingt durchgesetzt sehen will oder man diese Positionierung braucht, um in der Verhandlung mit dem Koalitionspartner etwas in der Hand zu haben.

Mit einem Mal wird Politik greifbar. Wir verstehen in der Runde, was inhaltlich geboten wäre – und was machtpolitisch aktuell umsetzbar ist.

Würden mehr Menschen dies verstehen können, diese Informationen erhalten – vor allem durch eine bewusste Kommunikation der Politiker*innen und eine politische Kultur in den Parteien und Fraktionen, die dies erlaubt und befördert –, so würde dies politische Entscheidungen sehr viel besser verständlich machen und dadurch das Vertrauen in unser demokratisches System insgesamt stärken.

Gleichzeitig begreifen die zivilgesellschaftlichen Vertreter*innen in diesen Runden häufig, unter welchen Zwängen auch die Abgeordneten stehen und wie begrenzt ihr Spielraum teilweise ist. So erkennt auch die Zivilgesellschaft, welch wertvollen Beitrag sie zu einem Gesetzesvorhaben leisten kann – etwa durch gezieltes Campaigning zum richtigen Zeitpunkt. Denn auch die Abgeordneten sind immer wieder darauf angewiesen, dass bestimmte Anliegen im öffentlichen Diskurs prominent vertreten werden. Dies können sie sodann in ihrer parlamentarischen Rolle verstärken und beim Fraktionsvorstand dafür werben, entsprechend gesetzgeberisch aktiv zu werden.

Entscheidend dabei ist häufig ganz einfach das *Timing*. Zivilgesellschaftliches Campaigning setzt oftmals zu einem Zeitpunkt ein, in dem die Debatten im Parlament schon gelaufen sind und *machtpolitisch* die Richtungsentscheidungen bereits getroffen wurden. Große Kampagnen oder Demonstrationen erleben wir häufig dann, wenn ein bestimmtes Gesetzesvorhaben bereits in den Ausschüssen verhandelt wurde und kurz davor ist, im Plenum vom Bundestag beschlossen zu werden. Zu diesem Zeitpunkt steht der Inhalt eines Gesetzes jedoch meist schon zu mindestens 95 Prozent fest. Stark vereinfacht ist der Ablauf in etwa wie folgt: Über Wochen und Monate wurde zuvor innerhalb der und zwischen den Fraktionen diskutiert, auch die zuständigen Beamt*innen aus den Bundesministerien wurden konsultiert und von diesen ein sogenannter »Referentenentwurf« des Gesetzes erarbeitet. Sobald dieser Entwurf steht, kommt er in die sogenannte »Ressortabstimmung«, bei der die regierenden Fraktionen über ihre Bundesminister*innen beziehungsweise den Koalitionsausschuss Einfluss auf den Inhalt nehmen können. Auf Grundlage dieses Feedbacks wird sodann der sogenannte »Kabinettsentwurf« erstellt.[53] Nach dieser Fassung des Gesetzentwurfs können in den Ausschüssen sowie im Zuge der Plenardebatte im Regelfall noch kleinere Änderungen vorgenommen werden – die grundsätzliche Stoßrichtung aber lässt sich dann *machtpolitisch* nicht mehr verändern.[54]

Auf diese Art und Weise kommt zivilgesellschaftlicher Protest also häufig zu spät und bleibt deshalb wirkungslos. Dann gilt umso mehr, dass die »drinnen« mit dem »draußen« nicht mehr viel anfangen können.[55] Auch hierdurch kann unser demokratisches System beschädigt werden: Wer an einer Demo, Petition oder Kampagne mitwirkt, um ein bestimmtes Gesetz zu verhindern oder ein Anliegen durchzubringen, wird regelmäßig denken – oder zumindest hoffen –, mit seinem*ihrem Engagement auch wirklich etwas bewegen zu können. Wenn in diesem Moment aber eigentlich alle Personen im Parlament bereits denken (und dies leider viel zu selten sagen) »bringt eh nix mehr«, dann ist die Frustration der Engagierten vorprogrammiert. Auch sie verlieren bei der x-ten Demo oder Petition womöglich allmählich das Vertrauen, dass sie in unserem demokratischen System wirklich etwas erreichen können. Dies unterstreicht, wie wichtig es ist, dass es Räume für die strategische Abstimmung von Zivilgesellschaft und Politik, von Parlament und Straße gibt – nicht nur für das jeweils konkrete inhaltliche Anliegen, sondern für die Zukunft unserer Demokratie an sich.

Was also wurde nun aus all unseren Anstrengungen innerhalb der dritten Säule von BNB? Ist unsere *Brand New Agenda* Realität geworden? Was haben wir mit der *Movement Politics Plattform* erreicht?

Natürlich ist auch der Einfluss von BNB im Parlament begrenzt – und das ist auch gut so, schließlich sind wir lediglich *ein* Parlamentskreis neben vielen anderen Gruppen und Organisationseinheiten im Bundestag. Unsere *Brand New Agenda* bleibt der inhaltliche Leitstern unserer Arbeit. Neue Kandidierende, die wir auswählen, und Themen, die wir setzen, orientieren sich noch immer an diesem Rahmen, den wir fortlaufend aktualisieren. Und inhaltlich? Haben wir Gesetze erfolgreich begleitet oder gar angestoßen?

Die politische Wirkung von BNB: Convener statt »big dog«

Naturgemäß ist es sehr schwierig, in solch einem komplexen Prozess mit so vielen Akteur*innen wie einem Gesetzgebungsverfahren eins zu eins nachzuvollziehen, woher genau welcher Impuls und welche inhaltliche Äußerung kam. Es gehört zur nur allzu menschlichen Slapstick-Realität im politischen Berlin, dass große Gesetzesvorhaben sich gewöhnlich vor »Müttern« und »Vätern« kaum retten können – wenn etwas Erfolg hatte, will natürlich jede*r etwas damit zu tun gehabt haben. So habe allein ich in den letzten Jahren bestimmt ein knappes Dutzend Menschen getroffen, die allesamt für sich in Anspruch nahmen, »den Atomausstieg« oder »die Energiewende« quasi im Alleingang herbeigeführt zu haben. Vermutlich haben sie alle ein Stück weit recht, letztlich aber zählt in unserem schönen demokratischen System mit seiner Rollen- und Lastenverteilung eben weniger, *wer* etwas angeschoben hat, sondern vielmehr, *was wir gemeinsam* erreicht haben. Individuelle Impulse zu Gesetzgebungsverfahren können wir uns also wie Wassertropfen vorstellen, die zusammen allmählich ein Rinnsal, dann einen Bach und letztlich womöglich einen starken Strom bilden, der politische Blockaden mit sich reißen und schließlich ganz neue Wege ebnen kann – Wege zu einer besseren politischen Zukunft für uns alle. (Der oder die Kanzler*in und die Mitglieder des jeweiligen Koalitionsausschusses sind in diesem Bild gewissermaßen die »Schleusenwärter*innen«.)

Auch wir bei BNB müssen und wollen also vorsichtig sein, wenn es darum geht, uns selbst inhaltliche Erfolge zuzuschreiben. Von Anbeginn haben wir als Organisation im Allgemeinen bewusst eine eher zurückhaltende Außenkommunikation verfolgt. Wir wollten immer unsere Kandis und Inhalte in den Vordergrund stellen – nicht uns als Organisation. Dieses Buch, mag der eine oder die andere einwenden, bricht ein wenig mit dieser Tradition. Wir haben uns – als Organisation, genauso wie ich als Autor – bewusst dafür entschieden, diesen Weg zu gehen, da wir den Ansatz von BNB noch breiter bekannt machen wollten. Vor diesem Hintergrund war es mir wichtig, ein möglichst zugängliches Buch zu schreiben, das vermittelt, wie lebensnah und lebendig politisches Engagement sein kann beziehungsweise sollte. Wir hoffen, dass dieses Buch uns viele neue Mistreiter*innen in unserer BNB-Community bescheren wird. Dass viele Menschen sich hierdurch inspiriert fühlen werden, sich um politische Ämter zu bewerben und innerparteiliche Strukturen zu erneuern. Dass wir noch sehr viel mehr werden, die der Demokratie auf diese Weise frisches Leben einhauchen wollen.

Insgesamt fühlt es sich zudem jetzt sehr viel besser an, über etwas zu schreiben, das wir bereits erreicht haben – als allein mit großen Ambitionen auf die mediale Bühne zu treten. Presseanfragen in diese Richtung gab es zu unserer Gründung Anfang 2020 zur Genüge. Wir haben sie abgesagt oder dafür genutzt, Berichterstattung über unsere Kandis herbeizuführen. Überhaupt würden wir unsere Arbeit als *Convener* des Parlamentskreises regelmäßig konterkarieren, wenn wir stets darum bemüht wären, mit unseren Aktionen im Parlament eine große öffentliche Welle zu machen. Es liegt eine große Kraft in der politischen Gestaltung, wenn wir uns gemeinsam einem übergeordneten Anliegen verschreiben – anstatt in erster Linie danach zu fragen, wer am Ende die öffentlichen Lorbeeren hierfür einheimsen darf. Bei BNB war uns von Anfang an klar, dass wir so vorgehen wollen würden – auch wenn uns das in der Logik der Aufmerksamkeitsökonomie zu Beginn das Fundraising oder Vordringen in exklusive Netzwerke nicht unbedingt erleichtert hat. Uns war lieber, das Richtige zu tun und dabei unterschätzt zu werden, denn als »big dog« zu gelten und tatsächlich aber kaum politisches Gewicht zu besitzen.

Und ja, es gibt sie, die Erfolge, inzwischen. Von den Kandis, die zu teils äußerst einflussreichen Abgeordneten wurden, habe ich bereits berichtet. Kommunikativ ist es uns mit der sogenannten *Striesener Erklärung* nach dem im Mai 2024 durch Neonazis verübten tätlichen Angriff auf den sächsischen SPD-Spitzenkandidaten Matthias Ecke gelungen, einen parteiübergreifend breit getragenen Appell für überparteiliche Solidarität und einen fairen, pro-demokratischen Wahlkampf zu starten, der letztlich von über 500 Abgeordneten auf Europa-, Bundes-, Landes- und kommunaler Ebene unterzeichnet wurde, darunter die Parteivorsitzenden von SPD, B90/Die Grünen, FDP und LINKE sowie die – inzwischen ehemalige – Bundestagspräsidentin Bärbel Bas und weitere hochrangige Mandatsträger*innen.[56] Auch in den Medien fand die *Striesener Erklärung* einen großen Widerhall und steigerte so das Bewusstsein für die Notwendigkeit, politisches Engagement parteiübergreifend vor Gewalt zu schützen.[57]

Okay, gut, aber wie sieht es mit Gesetzen aus? Wie gesagt, es ist tricky. Fragt man Bundestagsabgeordnete, so antworten manche, dass aus ihrer Sicht das 49-Euro-Ticket (später 58-Euro-Ticket oder Deutschlandticket) ohne BNB nicht zustande gekommen wäre. Tatsächlich hatten wir die Idee, das ursprünglich von B90/Die Grünen in einer langen Verhandlungsnacht der »Ampel«-Regierung eingebrachte 9-Euro-Ticket zu einem gegebenenfalls etwas höheren Preis fortzuführen, bei einer informellen Runde des Parlamentskreises mit einem guten Dutzend Abgeordneten und zivilgesellschaftlichen Vertreter*innen diskutiert – wenige Wochen später wurde es ein konkretes Vorhaben und schließlich Gesetz. Wir haben also wohl den einen oder anderen »Wassertropfen«, vielleicht auch einen ganzen »Kasten Wasser« beigesteuert.

Ein konkretes Beispiel habe ich aber doch noch für Dich, liebe*r Leser*in. Ja, in mindestens einem Fall können wir klar nachvollziehen, wie der Einfluss der in unserem BNB-Parlamentskreis organisierten MdB auf das Gesetzgebungsverfahren ausgesehen hat. Und das war durchaus kein Nischenthema.

Vielmehr ging es um das immerhin 200 Milliarden Euro schwere Gesetzespaket, mit dem die Bundesregierung im Herbst 2022 nach Beginn des russischen Angriffskrieges in der Ukraine versuchte, die gesamtwirtschaftliche Lage zu stabilisieren und insbesondere die Gaspreise nicht explodieren zu lassen. In diesen Wochen wurden, wie so oft seit Pandemie-Zeiten beziehungsweise Kriegsbeginn, teils in Windeseile Gesetzespakete geschnürt. Auch die massive Subventionierung von Gas wurde im Eiltempo vorangetrieben. Der Winter nahte, Deutschland musste sich sputen, um von russischem Gas unabhängig zu werden, und landauf, landab sorgte man sich vor hohen Heizkosten und was dies für gesellschaftliche Folgen haben könnte – unter anderem die sogenannten »Gelbwesten-Proteste« in Frankreich hatten gezeigt, wie destabilisierend steigende Energiepreise für das gesellschaftliche Klima sein konnten.

Die Bundesregierung holte also einmal mehr die »Bazooka« raus, nahm riesige Geldbeträge in die Hand – und übersah dabei fast ein überaus wesentliches Detail. Als wir in unserem Parlamentskreis das Vorhaben diskutierten, kursierte in der Zivilgesellschaft und Wissenschaft bereits der dringende Hinweis, dass die geplante sogenannte »Gaspreisbremse« Gefahr laufe, eine riesige Steuersubvention für Gutverdienende und Hochvermögende zu werden. Steuergelder in Milliardenhöhe könnten dafür draufgehen, den Energiebedarf von Menschen günstiger zu gestalten, die mit ihrem Gas nicht nur eine Wohnung, sondern womöglich gar eine ganze Villa und/oder ihren Pool beheizen. Natürlich gönne ich Menschen grundsätzlich ihren Wohlstand und halte nichts von Neiddebatten. Doch Steuergelder sind ein knappes Gut – wie wir nicht zuletzt bei der Diskussion rund um die Schuldenbremse gesehen haben – und sollten so zielgenau und effektiv eingesetzt werden wie irgend möglich. Bei der Gaspreisbremse bestand die dringende Gefahr, dass genau dies nicht passieren, sondern Geld zum (Villen-)Fenster hinausgeheizt werden und dann an anderer Stelle fehlen würde.

Die Abgeordneten in unserem Parlamentskreis, insbesondere von den Regierungsfraktionen SPD und B90/Die Grünen, sahen die von Kanzler Scholz und Minister Habeck verfolgte Linie kritisch. Gleichzeitig hatten sie den Eindruck, innerfraktionell bislang nicht richtig vorgedrungen zu sein mit ihrem Anliegen, nur Menschen bei den Gaspreisen zu entlasten, die hierauf auch wirklich wirtschaftlich angewiesen waren. Als wir davon erfuhren, legten wir im Sinne der *Movement Politics* los. Wir kontaktierten weitere zivilgesellschaftliche Expert*innen und Wissenschaftler*innen, die uns bestätigten, dass die Gaspreisbremse in der bislang geplanten Form Gefahr laufe, die ungleiche Verteilung von Vermögen zu verstärken, indem Steuergelder für Luxusausgaben von Besserverdienenden ausgegeben würden. Auf dieser Grundlage sprachen wir mit immer mehr Bundestagsabgeordneten. Aus zunächst verhaltenem Interesse wurde nach und nach zu unserer freudigen Überraschung eine Dynamik, die auch Abgeordnete jenseits unseres Parlamentskreises mitumfasste. Hierbei kristallisierte sich heraus: Das Anliegen war den Abgeordneten so wichtig, dass eine gemeinsame Aktion infrage kam.

Zunächst versuchten einzelne MdB noch einmal bei ihren Fraktionsspitzen darauf zu drängen, doch eine entsprechende Regelung in das Gesetzespaket aufzunehmen. Als dies ohne Erfolg blieb, entschieden wir uns in Abstimmung mit der Gruppe zur »ultima ratio« unseres Werkzeugkastens – einer öffentlichen Erklärung, die wir über die Presse verbreiten würden. In dieser forderten die mit uns verbundenen Abgeordneten mitunter einen Mechanismus, der eine nach sozialen Kriterien gestaffelte Auszahlung der Gaspreissubventionen vorsehen würde.[58]

Am Vormittag des 31. Oktober 2022 veröffentlichte der *SPIEGEL* eine Meldung, die unser Forderungspapier bezüglich einer Umgestaltung des Gesetzesentwurfs aufgriff. Darin hieß es:

> »Seine Unterzeichner gehören zur überparteilichen Initiative ›Brand New Bundestag‹, die sich selbst als ›progressive politische Plattform‹ versteht.«[59]

Es war das erste Mal überhaupt, dass BNB in dieser Form – und nicht im Kontext der Kandidierendenunterstützung – medial in Erscheinung trat.

In der Folge überschlugen sich die Ereignisse. Auf (damals noch) Twitter wurde unser Forderungspapier intensiv diskutiert, mitunter meldeten sich führende Ökonom*innen zu Wort, die auch der von der Bundesregierung zuvor ins Leben gerufenen »Gaspreiskommission« angehörten und unsere Forderung aufgriffen und verstärkten. Am Nachmittag gab Bundeskanzler Olaf Scholz eine Pressekonferenz. Dort übernahm er plötzlich unsere Forderung – Besserverdienende, die als solche auch den Solidaritätszuschlag zahlen müssten, sollten die Subvention durch die Gaspreisbremse versteuern müssen.[60]

Im BNB-Büro konnten wir es damals kaum fassen. Unsere kleine ehrenamtliche Initiative hatte sich nun endgültig zu einer Akteurin im politischen Berlin gemausert. Abgeordnete nutzten unsere Plattform für überparteiliche Absprachen und gemeinsame Aktionen – die dann sogar Auswirkungen auf Gesetzgebungsverfahren hatten. Es war also möglich: Durch die strategische Koordination von politischen Akteur*innen und zivilgesellschaftlichen beziehungsweise wissenschaftlichen Vertreter*innen war aus einem vor allem sozial-medial von ihnen geäußerten Unmut eine überparteiliche konzertierte Aktion von 24 MdB geworden. So nahe liegt es manchmal, Politik auch wirklich zu gestalten.

Unser Zielbild: Das Parlament als Booster für gesellschaftlichen Fortschritt

Häufig haben unsere Aktivitäten mit der *Movement Politics Plattform* nicht diesen öffentlichen Charakter, sondern laufen geräuschlos hinter den Kulissen ab. Und das sollen sie auch. Um den Gedanken ging es bereits: In unserem von der sogenannten Aufmerksamkeitsökonomie geprägten Diskurs mag das für eine Organisation wie unsere (von der man annehmen könnte, wir würden *jede* Form der Berichterstattung herbeiführen wollen) zwar ungewöhnlich erscheinen – BNB versteht sich aber eben in erster Linie als Dienstleister*in im kollektiven Interesse an der Sache. Im Vordergrund stehen die Abgeordneten, die als Repräsentant*innen der Bevölkerung das Mandat haben, bessere Politik für uns alle herbeizuführen. Wir tun, was wir können, um sie in ihrer Arbeit zu stärken und ihnen dabei zu helfen, zukunftsorientierte Ideen Wirklichkeit – sprich Gesetz – werden zu lassen.

Wie auch das Beispiel der Gaspreisbremse zeigt, stehen wir mit der Wirkungslogik unserer *Movement Politics Plattform* noch ganz am Anfang. Zwar wurde die von uns herbeigeführte Änderung zunächst Gesetz – später berechnete jedoch das zuständige Ministerium eines gewissen Finanzministers namens Christian Lindner, dass die Einsparungen doch nicht so hoch ausfallen würden und sich daher die Besteuerung der Besserverdiener nicht lohne.[61] Die Regelung wurde daher nie so angewandt.

Auch eine von uns koordinierte öffentliche Äußerung von 24 MdB, die eine Verschärfung der EU-Asylgesetze ablehnten,[62] blieb ohne unmittelbare Auswirkung auf das politische Geschehen. Das EU-Asylsystem wurde mit Zustimmung Deutschlands reformiert und restriktiver gestaltet. Es gehört zur politischen Realität, dass man mit den meisten Vorhaben scheitert.

Und dennoch ist natürlich all das nicht umsonst. Die Kritik der MdB an der Reform der EU-Asylgesetze wurde von der Zivilgesellschaft als wichtiges Signal wahrgenommen, dass nicht alle Abgeordneten von SPD und B90/Die Grünen plötzlich, in Regierungsverantwortung, einen restriktiven Kurs in der Asyl- und Migrationspolitik befürworteten – es hat maßgeblich dazu beigetragen, dass die Gräben zwischen Zivilgesellschaft und Parteien nicht noch größer wurden.

Die Versteuerung der Gaspreissubventionen für Besserverdienende war ein wichtiges Zeichen, dass der Staat auch weiterhin Verteilungsgerechtigkeit ernst nimmt und Steuergelder nicht mit der Gießkanne verteilt. Dass die Gaspreisbremse letztlich in viel geringerem Umfang als ursprünglich geplant genutzt werden musste, lag vor allem an den sich schneller als befürchtet stabilisierenden Gaspreisen. Dass die Regelung so überhaupt in das Gesetz kam, bleibt, von dieser erfreulichen realen Entwicklung unabhängig, ein politischer Erfolg für zukunftsorientiert handelnde Kräfte, die die soziale Gerechtigkeit in unserem Land nicht aus dem Blick verlieren.

Darüber hinaus zeigt unser Wirken rund um die Gaspreisbremse oder die EU-Asylreform, wie wirkmächtig wir uns organisieren können, wenn wir aufeinander zugehen und strategisch und überparteilich agieren. Wenn dann noch eines Tages zukunftsorientierte Leute auch in den Ministerien sitzen, steigen unsere Chancen weiter, dass derlei politische Impulse ihre Wirkung entfalten. Inzwischen sind wir selbst in dieser Hinsicht weitergekommen: Mit Reem Alabali-Radovan von der SPD gehört dem neuen Kabinett der Bundesregierung ein Mitglied unseres BNB-Parlamentskreises an. Im Mai 2025 wurde sie zur Bundesministerin für wirtschaftliche Zusammenarbeit und Entwicklung ernannt. Aus Kandis werden Abgeordnete, werden Minister*innen.

Mit etwas Geschick und der Bereitschaft, neue Wege zu gehen, können wir in den kommenden Jahren dafür sorgen, dass die Dinge in unserem Land noch *sehr viel besser* werden. Die Arbeit unserer *Movement Politics Plattform* soll ihren Beitrag dazu leisten. Letztlich hat sie zum Ziel, das Parlament zu dem zu machen, wofür wir es brauchen: als Booster für gesellschaftlichen Fortschritt.

Hierfür muss es in der Lage sein, offen und schnell Impulse aus der Bevölkerung aufzugreifen, eine strategische Verzahnung von gesellschaftlichen Strömungen und politischen Prozessen zu gewährleisten sowie über seine Abgeordneten leicht verständliche Kommunikation hierüber hervorzubringen – um dann stellvertretend für uns alle einen Mehrheitsbeschluss ausverhandeln zu können, der Fortschritt für unser Zusammenleben bedeutet.

Wenn wir Politik auf diese Weise nahbarer und nachvollziehbarer machen und die parlamentarische Arbeit als Fortsetzung beziehungsweise besondere Form von gesellschaftlichem Engagement verstehen, so unsere Überzeugung bei BNB, wird sie mehr Rückhalt bei den Wähler*innen genießen und dadurch auch wirkmächtiger und mutiger agieren können.

All das liegt nicht in weiter Ferne, sondern ist zum Greifen nahe. In unserem Parlament steckt das Potenzial, uns genau in die Zukunft zu führen, die wir uns wünschen und die wir in Anbetracht der bestehenden Krisen dringend brauchen.

Wie genau das aussehen kann – ein zukunftsfähiges Parlament –, damit wollen wir uns im nächsten Kapitel befassen. Wir fangen an, zu träumen – einen real möglichen Traum von einem Parlament, das Tag für Tag für uns alle eine bessere Zukunft baut.

Fünftes Kapitel
Quasselbude for future

»Du wirst nicht glauben, was mir neulich passiert ist« – die Bundestagsabgeordnete von der LINKEN ist ganz aus dem Häuschen, als ich ihr zufällig im Paul-Löbe-Haus des Bundestags in die Arme laufe. »Das habe ich in all den Jahren hier im Parlament wirklich noch nie erlebt. Wenn das so weitergeht, kann das richtig was werden!«

Was genau ist passiert, das sie so überschwänglich sein lässt? Eine solche Begeisterung erlebt man jedenfalls nicht oft im Bundestag. Dabei könnte alles so viel besser sein. Davon handelt dieses Kapitel. Wir tauchen ein in ein Idealbild unseres bundesdeutschen Parlaments und träumen davon, wie es sein könnte – und müsste, wenn wir gesellschaftlichen Fortschritt nachhaltig auf den Weg bringen wollen.

Geschichte und Gefahren

Zunächst einmal springen wir aber ganz an den Anfang. Im Jahr 1871 startet der deutsche Parlamentarismus. Das Deutsche Reich entsteht, aus der preußischen Monarchie wird im Deutschen Reich, nach der Vereinigung mit den übrigen deutschen Fürsten- und Herzogtümern (Bayern als Königreich war bekanntlich und widerwillig auch dabei), eine parlamentarische Monarchie inklusive gemeinsamer Verfassung, Reichskanzler – und Reichstag.

Von Beginn an hat das Parlament keinen leichten Stand und wird von den Mächtigen geschmäht. Von dem großen Reichskanzler Fürst Otto von Bismarck selbst, vor allem aber von den preußischen Kaisern Wilhelm I. und Wilhelm II. Das Parlament sei eine »Quasselbude«, die sich nur um sich selbst drehe und kaum etwas zustande bringe.[63] Offensichtlich waren sich diese noblen Herren gegen Ende des 19. Jahrhunderts bereits bewusst, wie wirkmächtig öffentliche »Framings« und derlei Herabsetzungen in der politischen Auseinandersetzung sein können. Preußisches Campaigning. Damals rang die Monarchie im neuen »halbparlamentarischen« System um ihren Einfluss – später nutzten die Nazis diese und viele andere Verunglimpfungen des Parlaments, um die Demokratie ins Wanken zu bringen und schließlich abzuschaffen.

Gehen in einem nationalen Parlament die Lichter aus, ist das fast immer gleichbedeutend mit dem Ende des jeweiligen demokratischen Systems. Entsprechend symbolträchtig ist es, wenn Populist*innen wie nach der Abwahl von Donald Trump im Januar 2021 den US-Kongress stürmen oder Rechtsextreme wie im August 2020 die Stufen des Reichstags einnehmen und von dort aus ihre schwarz-weiß-roten Reichsflaggen schwenken. Sie wollen damit symbolisieren: *Wir* haben die Kontrolle. Und nicht *ihr*, die Demokrat*innen – und damit eigentlich das Volk, die Bevölkerung.

Auch die heutigen populistischen Erzählungen, von den angeblich abgehobenen Eliten, die das Volk ausnutzen würden, knüpfen direkt dort an – beim Parlament. Die Abgeordneten der pro-demokratischen Fraktionen seien alle faul, gingen kaum zu den Sitzungen, sie kümmerten sich nicht ums »Volk« – dabei ist der teilweise eher spärlich besetzte Plenarsaal lediglich Ausdruck der sinnvollen Arbeitsteilung im Parlament. Dieses Framing ist der gezielte Versuch der Populist*innen, das parlamentarische System schrittweise zu untergraben, ihm durch Herabsetzungen Legitimität zu nehmen und dadurch freie Bahn zu haben für ein autoritäres, womöglich faschistoides oder gar vollends faschistisches Regime. Ein Regime, das vermutlich einiges umwälzen würde, sicherlich aber nicht »fürs Volk«. Denn dem gehören alle deutschen Staatsangehörigen an, ganz gleich welcher kulturellen Hintergründe – unser multikultureller Staat ist längst eine Alltagsrealität, seine Abschaffung nichts als ein feuchter Traum von Rassist*innen. Eine Politik, die nicht die gesamte in Deutschland lebende *Bevölkerung* in den Blick nimmt, kann mit dem Anliegen, unsere Gesellschaft besser zu machen, nur scheitern. Der Populismus, er verbreitet und spielt mit Illusionen.

Ob unser Parlament funktioniert oder nicht, welches Ansehen es in der Bevölkerung genießt, dürfte also eine zentrale Rolle dabei spielen, ob wir in Deutschland auch langfristig in einer Demokratie leben werden. Wir haben deshalb nicht nur ein Interesse daran, das *bestmögliche* Parlament zu erleben, um die Gesellschaft voranzubringen – wenn es wirkmächtig ist und starke Impulse in den öffentlichen Diskurs senden kann, ist dies vermutlich eines der wirksamsten Gegenmittel gegen den – per se demokratiefeindlichen – Populismus.[64]

Bevor wir uns also dem Idealbild unseres Parlamentes widmen und thematisieren, wie wir es besser machen können, erlaube mir, liebe*r Leser*in, in diesem Zusammenhang noch einen wichtigen Disclaimer vorab: Unser Parlament funktioniert bereits gut! Wir erleben dort weit überwiegend Abgeordnete, die nach ihrem besten Wissen und Gewissen tun, was sie können, um unser Land voranzubringen. Die meisten von ihnen handeln aus aufrichtigen Motiven heraus und mühen sich redlich, einen guten Job zu machen. Die internen Prozesse des Parlaments folgen rechtlichen Vorschriften, die so gut wie immer eingehalten werden. Wir haben ein rechtsstaatlich zuverlässig arbeitendes Parlament. Insofern dürfen wir uns nicht von Rechtsextremen ins Bockshorn jagen lassen, die herumposaunen, wie schrecklich alles angeblich wäre. Und zugleich selbst alle in einem Land leben, dem es noch nie so gut ging wie heute.[65]

Das Gute noch besser machen

Wir haben also bereits eine Menge erreicht – seit 1871 und seit 1949 sowieso. Unser Parlament hat geliefert, immer wieder, ganz gleich was die Herausforderungen waren (zumindest solange es nicht entmachtet war wie zwischen 1933 und 1945). Und doch mag es das Besondere sein, an den Zeiten, die wir gerade durchleben – dass es eben nicht einfach darum geht, etwas *Gutes* weiterhin zu tun, sondern alles *noch besser* zu machen. Weil wir es müssen und die großen Krisen unserer Zeit es uns diktieren, allen voran die Klimakrise. Und schlicht, weil wir es *können*. Stell Dir das einmal vor: Alles wird einfach *noch besser*, als es heute ist. Mehr Verbundenheit miteinander, mehr ehrliche Kommunikation online wie offline, ein technologisch einwandfrei funktionierender Staat, höhere Löhne, würdevolle Pflegeeinrichtungen und Krankenhäuser, eine pünktliche Bahn, bezahlbare und lebenswerte Innenstädte, ländliche Mobilität, die Spaß macht, ein Bildungswesen, das uns für die eigene Persönlichkeitsentfaltung und das KI-Zeitalter fit macht – all das sind keine absurden Wunschträume, sondern real umsetzbare Anliegen. Sie erfordern allerdings, dass wir an ihre Erreichbarkeit *glauben*. Wie genau unsere Demokratie 2035 aussehen könnte, wenn wir sie gemeinsam *brand new* machen, wollen wir uns dann im sechsten Kapitel genauer ansehen.

Zurück zum Parlament, der Herzkammer unserer Demokratie. Wie können wir dafür sorgen, dass es sein volles Potenzial entfaltet? Dass es wirklich der Ort ist, an dem wir kollektiv die Dinge für uns alle stetig, Schritt für Schritt besser machen?

Für diese sogenannte *Transformation* unserer Gesellschaft, in der wir unsere aktuellen *Krisen* (Klima-, Bildungs-, Wohn-, Pflegekrise etc.) mit entsprechenden *Wenden* (also Energie-, Wärme-, Sozial-, Zeitenwende etc.) bewältigen, brauchen wir notwendigerweise einen *Wettbewerb um die besten Ideen*. Es ist eben genau Wesensmerkmal dieser gesellschaftlichen Epoche, in der wir uns in den westlichen Industrienationen befinden, dass wir unsere Grundannahmen überprüfen und in fast allen Sektoren neue Schlussfolgerungen aus ihnen ziehen müssen – mit dem Ergebnis, dass wir neue Institutionen, Gesetze und Vorgehensweisen auf den Weg bringen. Wie genau das gehen soll, weiß niemand so richtig. Doch wir haben eine Menge an Wissen, das wir zusammentragen und auswerten müssen. Wir brauchen einen möglichst objektiven gesellschaftlichen Prozess, in dem wir abwägen, welche Route wir einschlagen wollen – ob unser Ziel der Klimaneutralität zum Beispiel am besten mit staatlichen Maßnahmen wie Subventionen, eher mit marktwirtschaftlichen Mechanismen wie einer CO_2-Bepreisung oder einer Kombination aus beidem zu erreichen ist; ob unsere Mobilität weiterhin den motorisierten Individualverkehr priorisieren, künftig kollektiven Konzepten mit starker ÖPNV-Fokussierung den Vorzug geben oder eine Mischung aus beidem bestehen soll; ob wir zur Sicherung unserer Renten mehr Zuwanderung, eine Kapitalmarktrente, ein höheres Renteneintrittsalter oder alles gemeinsam brauchen. Die Liste lässt sich endlos fortsetzen.

Der Punkt ist: Wir erleben aktuell zu häufig ein Parlament, in dem es bei diesen notwendigen Debatten nur noch ein »richtig« oder »falsch« zu geben scheint. Was richtig und was falsch ist, entscheidet letztlich die parteipolitische Tradition, der man sich verbunden fühlt. Dabei führt kein Weg daran vorbei, dass wir als Gesellschaft diese Debatten führen. Je sachlicher, offener und zielorientierter wir sie führen, dürfte darüber entscheiden, in was für eine Zukunft wir steuern – also ob es *sehr viel besser* wird oder eben nicht.

Ich kann mir keinen besseren Ort für diese Debatte vorstellen als unser Parlament. Natürlich werden viele dieser Anliegen schon heute in jeder Sitzungswoche im Plenarsaal des Bundestages besprochen. Doch im Wesentlichen geben dabei die Fraktionen ihre schon bestehenden Meinungen wieder und sprechen oftmals auf eine Art, als ob sie selbst felsenfest davon überzeugt seien, nur die eigene Sichtweise sei korrekt. Dabei brauchen wir so dringend einen öffentlichen Ort, an dem gesellschaftliche Zielkonflikte *wirklich* ausverhandelt werden. Klar, dies passiert ständig auch in den herkömmlichen sowie sozialen Medien. Nur führt diese fragmentierte Form der Debatte, ohne einen Fixstern innerhalb des demokratischen Institutionengefüges, allzu schnell zu Frustrationen und Polarisierung. Würden wir ein Parlament erleben, das intensiv, ehrlich und mutig *stellvertretend für uns alle* diese Dinge ausdiskutiert – und wirksam (sozial-)medial nach draußen trägt –, würden sich viele Diskussionen in den Kommentarspalten dieser Republik erübrigen: »Ah ja, stimmt, gutes Argument – kam ja neulich auch schon im Bundestag.«

Natürlich ist dies ein Idealbild, die Vision leichter niederzuschreiben als die Umsetzung. Aber das sollte uns umso mehr antreiben. Denn wie sollen wir es besser machen, wenn wir keine großen Ziele verfolgen und nicht davon träumen, wie wir das volle Potenzial unserer Demokratie und ihres Herzstückes Parlament zur Entfaltung bringen?

Nehmen wir also einmal an, die Social-Media-Plattformen wären voll von reichweitenstarken Videos aus dem Bundestag, in denen wirklich inhaltlich ausverhandelt wird, wohin wir als Gesellschaft steuern sollen. Es gäbe Formate, die regelmäßig virale Hits produzieren und auf eine für verschiedene Zielgruppen und Plattformen zugeschnittene Art und Weise rüberbringen, wo welche Parteien stehen, was die Konfliktlinien sind und welche Politiker*innen welche Positionen vertreten. Unser öffentlicher Diskurs wäre ein gänzlich anderer.

Aktuell erleben wir Social Media vor allem als Bedrohung für unsere Demokratie – eben weil Extremist*innen das Potenzial der Plattformen schon vor Langem erkannt haben, es geschickt ausnutzen und für die massenhafte Mobilisierung einsetzen. Dabei könnten wir diese Form der dezentralen Massenkommunikation ganz anders anwenden. Politiker*innen haben durch sie viel bessere Möglichkeiten, mit ihren Standpunkten und Forderungen viel mehr Menschen viel persönlicher zu erreichen als noch zu Zeiten von Tageszeitung und TV.[66] Wir haben es als demokratische Systeme, in Deutschland und andernorts, nur leider verpasst, die Chancen dieser Technologie wirklich zu nutzen. Denn es erfordert mehr, als schlicht Plenarsaalreden oder Wahlkreistermine zu posten – jede Plattform will mit eigens für sie produzierten Inhalten bespielt werden, die dortigen Communities wollen sorgsam aufgebaut und betreut werden, dann klappt es auch mit der Reichweite. Einen Radiospot spielen wir schließlich auch nicht im TV, mit Standbild.

Eine solche sozial-mediale Infrastruktur rund um unser Parlament, gepaart mit einer offenen Debattenkultur, könnte also ein *Game Changer* sein für den öffentlichen Diskurs – und damit für die Zurückdrängung des Populismus. Denn der dominiert die Debatten bekanntlich mit Polarisierung, Angstmache und Fake News. Er macht sich dabei zunutze, dass es im sozial-medialen Raum eine gewisse Leerstelle gibt: Wir verhandeln nicht gut nachvollziehbar die bestehenden gesellschaftlichen Zielkonflikte aus. So kann der Eindruck entstehen, »die Politik« kümmere sich ja gar nicht, alles sei vorgegeben, nirgendwo wirklich Raum für Mitbestimmung, die Parteien seien festgefahren in ihren Meinungen. Gibt es dazu keine *Alternative*?

Politische Akteur*innen des pro-demokratischen Lagers müssen Expert*innen darin sein, sich auf eine sozial-medial verfängliche Art und Weise konstruktiv und hart in der Sache zu streiten. Wir haben diese Situation heraufbeschworen, indem wir die sozialen Plattformen nicht wirksam reguliert haben. Solange uns dies nicht gelingt, haben wir keine andere Wahl, als die Realität der Dominanz von Social Media anzuerkennen. Zwei Faktoren, Trump im Weißen Haus und eine EU-Kommission, die irgendwie einen Ausgleich mit den USA versuchen wird, um die Ukraine weiterhin verteidigen zu können, machen eine durschlagende Regulierung in den kommenden Jahren leider unwahrscheinlich.

Wenn der konstruktive, zielgerichtete, ergebnisoffene Streit zwischen pro-demokratischen Kräften das polarisierende Krakeelen der Populist*innen verdrängt, wird unsere Demokratie sich stabilisieren. Entscheidend dabei wird die *Qualität* des Streits und der entsprechenden (sozial-medialen) Kommunikation darüber sein. Hieran messen viele Wähler*innen die Politiker*innen. Wir brauchen einen offenen, ehrlichen Wettbewerb um die wirkmächtigsten Lösungen. Dies erfordert Kreativität und den Mut, die Dinge einmal aus einer ganz anderen Richtung zu betrachten.

Sternstunden des Parlaments

Bezeichnenderweise sind es genau diese Momente, die gerne als »Sternstunden des Parlaments« beschrieben werden.[67] Dann werden Gesetze beschlossen, die wichtige Weichen neu stellen und unsere Gesellschaft in eine Zukunft führen, die wir bislang nicht für möglich gehalten hatten.

Als eine solche *Sternstunde* gilt etwa die Einführung der *Ehe für alle*. Bundeskanzlerin Angela Merkel hatte damals dafür gesorgt, dass der Fraktionszwang bei dieser Abstimmung ausgesetzt wird – alle Abgeordneten durften ganz frei nach ihrem Gewissen abstimmen (und dabei eigentlich so, wie es in Artikel 38 des Grundgesetzes vorgesehen ist – ich hatte es bereits erwähnt). Dies ermöglichte plötzlich eine Mehrheit für dieses Vorhaben, das so lange von Lesben- und Schwulenverbänden und anderen queeren Interessensgruppen vorangetrieben worden war. Galt die Ehe in der stark von den CDU-Kanzlern geprägten Nachkriegsrepublik noch als heiliges christliches Sakrileg zwischen Mann und Frau, wurde sie plötzlich 2017 von heute auf morgen zu einem Bündnis zwischen allen Menschen, die sich zu zweit hierauf einlassen wollen. Gesellschaftlicher Fortschritt ist in unserem System immer nur eine Abstimmung entfernt.

Andere Debatten, die als *Sternstunden* des Parlaments gelten, sind die sogenannten »Orientierungsdebatten«, bei denen – wieder frei vom Fraktionszwang – erst einmal ein Stimmungsbild unter den Abgeordneten eingeholt wird, wie sie auf eine konkrete Frage blicken. Häufig geschieht dies bei Grundsatzfragen mit ethischen oder moralischen Anknüpfungspunkten, so etwa bei der Sterbehilfe, der Organspende oder der Präimplantationsdiagnostik (PID).[68]

Es fällt also auf, dass es zu *Sternstunden* vor allem dann kommt, wenn die Abgeordneten als Vertreter*innen der Bevölkerung und nicht an Weisungen ihrer Fraktionen gebunden diskutieren können. Dann werden im Bundestag plötzlich stellvertretend für uns alle gesellschaftliche Konflikte ausgehandelt, die uns tagtäglich beschäftigen. Und das wäre in einigen Feldern so dringend nötig.

Public arena mit voller Strahlkraft

Eine zentrale Frage etwa, die unser Land bekanntlich seit mindestens einem Jahrzehnt intensiv beschäftigt, ist die folgende: Wie sollen wir es denn nun handhaben mit der Migration? Es ist die Frage, die mich ursprünglich politisiert hat. Durch mein Engagement bei den Refugee Law Clinics bin ich überhaupt erst Sozialunternehmer geworden und kam auf die Idee, dass es mehr Brücken zwischen Zivilgesellschaft und Parlament braucht – ohne RLCs kein BNB. Insofern habe ich persönlich eine klare Vorstellung davon, wie ich mir die Politik im Einwanderungsland Deutschland wünschen würde. Ich muss jedoch auch feststellen, dass es uns seit einigen Jahren misslingt, in dieser Frage gesellschaftlich einen gemeinsamen Weg zu finden. Natürlich nutzen die Populist*innen dieses Thema für ihre eigene Stimmungsmache und vergiften den Diskurs damit weiter – doch, wenn wir ehrlich sind, sind eben noch ein paar Fragen offen. Wenn nicht für den oder die Einzelne*n, dann doch in jedem Fall für uns als Kollektiv.

Haben wir eine rechtliche und moralische Verpflichtung, als reiches Land so viele Menschen wie möglich aufzunehmen? Gibt es Belastungsgrenzen diesbezüglich in unseren Städten und Kommunen? Oder muss die Politik schlicht immer wieder die Voraussetzungen hierfür schaffen? Zumal wir als alternde Gesellschaft auf Zuwanderung angewiesen sind? Wie gehen wir dann mit überlasteter Infrastruktur um? Gerade bei Menschen, die bereits länger in Deutschland leben oder hier geboren sind, die im Niedriglohnsektor beschäftigt und mit Zuwandernden um Jobs konkurrieren müssen? Welche Regeln sollen für Menschen gelten, die zuwandern und sich nicht an die Gesetze halten? Dieselben wie für deutsche Staatsangehörige? Oder gelten für sie andere Maßstäbe?

All dies sind zunächst einmal legitime Fragen. Die Antworten, die wir auf sie geben, haben einen gewissen Einfluss darauf, wie wir in Deutschland zusammenleben und in was für eine Zukunft wir steuern. Gerade das Beispiel Migration zeigt uns jedoch, wie polarisiert der Diskurs in unserer politischen Kultur zwischenzeitlich geworden ist. Vielleicht hast auch Du, liebe*r Leser*in, an der ein oder anderen von mir aufgeworfenen Frage Anstoß genommen? Findest womöglich, dass man so etwas doch gar nicht erst fragen darf?

I feel you. Bei der Lektüre dieses Buches wäre es mir vermutlich genauso gegangen. Es gehört jedoch zu der Realität – und Voraussetzung – unseres demokratischen Systems, dass wir als Gesellschaft Positionen entwickeln und finden, die *mehrheitsfähig* sind. Dabei dürfen und sollen wir selbstredend für unsere Sichtweise werben. Wir müssen es jedoch auch zulassen, dass wir Fragen offen diskutieren und nicht allein ihr Aufwerfen bereits als Grenzverletzung werten. Unserem System wohnt die Annahme inne, dass wir im *Schwarm* bessere Entscheidungen treffen als allein. Diese »Schwarmintelligenz« können wir jedoch nur nutzen, wenn wir wirklich die verschiedenen Positionen wahrnehmen, abwägen und dann gemeinsam entscheiden – per Mehrheitsvotum. Natürlich ist dafür Voraussetzung, dass die Positionen auf *Fakten* beruhen und im Einklang mit unserer Verfassung stehen.

All das ist der Auftrag an unser Parlament. Es kann und muss der zentrale Ort gesellschaftlicher Auseinandersetzung und Lösungsfindung sein. Kein Social-Media-Format, keine Talksendung, keine

Konferenz, keine Demonstration und keine NGO können dies ersetzen. Wir brauchen es als wirkmächtige *public arena* mit voller Strahlkraft. In dieser dürfen wir uns sodann nicht davor scheuen, alle Themen zu behandeln, die für unsere Zukunft wichtig sind – und gerade jene, die potenziell polarisieren und konfliktträchtig sind! Wie wir die Strahlkraft des Parlaments ausbauen können, erkläre ich weiter hinten. Lassen wir diese Möglichkeiten ungenutzt, schaffen wir Leerstellen, in die Populist*innen nur allzu gerne vorstoßen. Klar, sie handeln skrupellos und ohne Rücksicht auf Verluste, das werden sie auch weiterhin tun. Wenn wir Themen öffentlich und offen ausdiskutieren, nehmen wir ihnen jedoch einen entscheidenden Nährboden, auf dem ihre Strategie sich entfaltet.

Und ja, auch über die Migration müssen wir weiterhin öffentlich diskutieren. Jedoch gerade nicht als »Mutter aller Probleme«, wie Horst Seehofer sie in seiner Zeit als Bundesinnenminister einst betitelte, sondern eher als »Lösung vieler Probleme« – also nicht als Querschnittsmaterie, die vor allem von den Populist*innen gerne für alles mögliche verantwortlich gemacht wird, sondern als ein Politikfeld, das wie jedes andere auch eine ergebnisoffene, mutige, zuversichtliche Lösung erfordert beziehungsweise bietet. Gerade die Migration birgt ein großes Maß an Zukunftschancen für uns – wenn wir es richtig angehen und zuvor gesellschaftliche Mehrheiten aushandeln, die uns lange tragen.

Langfristig denken, kurzfristig auch mal unpopulär handeln

Überhaupt erfordert die *Transformation*, dass wir in der Lage sind, Entscheidungen mit einer gewissen Langfristigkeit zu treffen. Anders als kleine Anpassungen am System, das Verfeinern von etwas Bestehendem – was seit 1949 lange mehr oder weniger der politische »Normalbetrieb« war –, beinhaltet das grundlegende Bessermachen und Verwandeln unserer Gesellschaft, dass wir einen gemeinsamen Plan entwickeln – und diesen dann beharrlich in die Tat umsetzen. Wir brauchen in unserem Parlament also eine politische Kultur, die akzeptiert, dass wir bestimmte grundlegende Linien ausverhandeln und diese sodann gemeinschaftlich befolgen. Wenn wir uns nach langem Ringen, unzähligen Demos, Debatten und Fukushima auf einen Atomausstieg verständigt haben, dann ist es nicht nur politisch unklug, sondern auch gesellschaftlich unverantwortlich, den »Ausstieg vom Ausstieg« herbeiführen zu wollen. Die Sache ist ausdiskutiert, abgehakt, fertig. Wir betreiben die Energiewende, Atommeiler werden wir sicherlich nicht wieder hochfahren.

Darüber hinaus kann die gebotene Langfristigkeit unserer politischen Leitentscheidungen auch erfordern, dass Politiker*innen bereit sind, sich für *unpopuläre* Maßnahmen starkzumachen. Viele gesellschaftliche Fortschrittssprünge waren zum Zeitpunkt ihres Entstehens nicht wohlgelitten bei ihren Zeitgenoss*innen – seien es neue Technologien wie die Eisenbahn oder das Auto, universelle Frauenrechte, die Energiewende oder die Ehe für alle. Wir brauchen also immer wieder politische *Führung*, die klare Zukunftsbilder verfolgt, über den Tellerrand hinausblickt, für solche zunächst unpopulären Schritte wirbt und so den gesellschaftlichen Wandel einleitet.

Gerade bei den Regierungsverantwortlichen kann dies auch einmal bedeuten, dass sie nicht nur öffentlich geschmäht, sondern gar abgewählt werden. Das übergeordnete Ziel, der gesellschaftliche Fortschritt, ist wichtiger als das Amt. Lieber ein Kanzler oder eine Kanzlerin, der oder die innerhalb von vier Jahren grundlegende Weichen für eine bessere Zukunft stellt als jemanden, der 16 Jahre lang nur ein verstaubendes System verwaltet, oder? Klar, falls diese*r dann nach vier Jahren abgewählt wird und die Nachfolgerregierung alles rückgängig macht, treten wir als Gesellschaft auf der Stelle. Damit sind wir wieder bei der politischen Kultur, die wir für unseren Fortschritt benötigen – der Respekt vor gesamtgesellschaftlich beziehungsweise im Bundestag mehrheitlich getroffenen Leitentscheidungen gehört dazu.

Zielbild: Das überparteiliche Redeparlament

Um all dies zu erreichen, das Idealbild eines Parlaments, das die wichtigsten gesellschaftlichen Konflikte stellvertretend für uns alle ausverhandelt, gemeinsame langfristige Lösungen findet und diese sodann nachhaltig umsetzt und wirkmächtig nach außen kommuniziert, gibt es ein Schlüsselelement. Es heißt: *Überparteilichkeit.*

An dieser Stelle kehren wir zum Anfang dieses Kapitels zurück: Wieso war die Abgeordnete der LINKEN damals so überschwänglich, als sie mich traf? Es war der Beginn der zweiten Wahlperiode für sie im Bundestag. Im Rahmen eines *Movement Politics* Events hatten wir die MdB unseres BNB-Parlamentskreises direkt nach Zusammentreten des neuen Bundestages zusammengebracht und miteinander verknüpft. Dabei hatte die LINKE-Abgeordnete also einige neue Mitstreiter*innen kennengelernt. Was war nun so Außergewöhnliches passiert? Einer ihrer neuen Kollegen, der einer Regierungsfraktion angehörte, hatte sie am Rande einer Sitzung um ihre fachliche digitalpolitische Einschätzung gebeten. Er hatte sie also nach ihrer *Meinung* gefragt! Dies sei ihr überhaupt noch nie untergekommen. Es war ein für sie offensichtlich sehr wichtiges, bemerkenswertes Vorkommnis.

Diese Anekdote mag uns als Außenstehenden seltsam erscheinen. Zwei MdB unterhalten sich miteinander und der eine fragt die andere nach ihrer Einschätzung – so weit, so normal, oder? Ja, sollte man meinen. Doch im Bundestag ist es eben völlig ungewöhnlich, wenn der Abgeordnete einer *Regierungs*fraktion eine MdB der *Opposition* nach ihrer *Meinung* fragt. Das liegt vor allem an der Natur des deutschen Parlaments, das gerne vornehmlich als *Arbeitsparlament* charakterisiert wird. Anders als in anderen Staaten, in denen etwa sogenannte Minderheitsregierungen nicht unüblich sind, ist die Bundesregierung so gut wie nie darauf angewiesen, um Stimmen der Opposition zu werben.[69] Nicht nur im Plenum des Bundestages, sondern auch in allen Ausschüssen (die jeweils mit so vielen Abgeordneten pro Fraktion besetzt werden, dass sie die Stimmverhältnisse im Gesamtparlament entsprechend abbilden) hat sie eine Mehrheit. Sie hat es also *machtpolitisch* nicht nötig, MdB anderer Fraktionen von ihrer Linie zu überzeugen und schon gar nicht nach ihren Meinungen zu fragen. Vielmehr laufen die Ausschusssitzungen spiegelbildlich zu den Plenardebatten ab: Jede Fraktion kommt mit ihrer eigenen vorgefertigten Meinung. Es werden zwar die eigenen Standpunkte erörtert und auch die der anderen angegriffen – es wird jedoch grundsätzlich nicht inhaltlich ergebnisoffen in dem Sinne diskutiert, dass die MdB die Bereitschaft mit in den Sitzungssaal bringen würden, sich gegebenenfalls vom Gegenteil überzeugen zu lassen. Die Debatte findet zwar statt, sie ist allerdings mehr Formsache als zentraler Bestandteil eines Meinungsbildungsprozesses. Ihre *Qualität* ist bescheiden – nicht das bessere Argument gewinnt, sondern die von vorneherein bestehende Mehrheit. Auf diese Art und Weise wird nichts inhaltlich ausverhandelt, sondern schlicht ein rechtlich vorgegebener parlamentarischer Prozess durchlaufen, an dessen Ende die Position der Regierungsmehrheit Gesetz wird.[70]

Selbstredend hat dies auch etwas für sich: Die Regierung kann sich in fast allen Fällen auf eine stabile Mehrheit verlassen. Die von dem oder der Kanzler*in vorgegebene und vom Koalitionsausschuss abgesegnete politische Linie kann Gesetz werden. Jedoch ist fraglich, ob uns ein solches »stabiles Arbeitsparlament« wirklich ausschließlich dient. Brauchen wir in Zeiten, in denen wir große gesellschaftliche Umbrüche zu bewältigen und *transformative* Entscheidungen zu treffen haben, nicht viel eher ein *Redeparlament*,[71] das eben stellvertretend für die Bevölkerung diskutiert, gesellschaftliche Zielkonflikte wirkungsvoll anspricht und nachhaltig auflöst?

Eine politische Kultur, die die *Überparteilichkeit* schätzt und hochhält, kann hierbei Brücken bauen. Besonders, wenn sie das Gebot in sich trägt, jenseits von aktuellen Machtverhältnissen die Perspektive auch der Opposition zumindest mit anzuhören und zu würdigen. Hierdurch kann die Debatte inhaltlich an Qualität gewinnen – und zugleich der Grundstein für die *Langfristigkeit* der getroffenen Entscheidungen gelegt werden. Wer zumindest einmal nach seiner Meinung gefragt worden ist, wird eher bereit sein, eine politische Leitlinie weiterhin mitzutragen, auch wenn die Regierung wechselt.

Wir müssen daher dringend die Absurdität auflösen, dass wir im Bundestag zwar eine große Anzahl an informierten und ambitionierten Menschen haben, diese aber über die trennenden Gräben zwischen Regierungs- und Oppositionsbank hinweg so gut wie nie miteinander sprechen. Es ist ein Luxus der alten West-Republik, in der es im Wesentlichen darum ging, ein Nachkriegssystem aufzubauen, zu erhalten und dann schrittweise jeweils geringfügig zu optimieren – ein Luxus, den wir uns in unseren heutigen Zeiten der gesellschaftlichen Transformation nicht mehr erlauben können. Wir brauchen alle, ganz gleich ob Regierung oder Opposition, von LINKE bis Union.

Dies gilt umso mehr vor dem Hintergrund der Bedrohung unserer Demokratie durch den Rechtsextremismus. Sosehr die Rechtspopulist*innen sich auch an ihr abarbeiten, sie ins Wanken bringen wollen – die politische *Brandmauer* nach Rechtsaußen muss stehen. Sie ist das politische Vermächtnis all jener, die den Terror des Nationalsozialismus, den durch ihn verursachten Krieg, die Vertreibung, die Shoa, all dieses Leid durchlebt haben. Keine Bundesrepublik ohne Brandmauer, das galt unter Franz-Josef Strauß (dem berüchtigten CSU-Ministerpräsidenten, der schon 1987 betonte, es dürfe »rechts von der CSU« keine Partei geben),[72] und das muss bis in alle Zeit gelten.

Daher ist es richtig und geboten, dass von LINKE bis Union alle pro-demokratischen Parteien zusammenarbeiten, wenn es um das Verbot einer vom Bundesverfassungsschutz als rechtsextrem eingestuften Partei geht. Es war der richtige Ansatz, einen Antrag auf ein entsprechendes Verbotsverfahren vor dem Bundesverfassungsgericht in Gestalt eines sogenannten »Gruppenantrags«, also durch eine überparteiliche Gruppe an Abgeordneten, einzubringen.[73] Dieser beschrittene Weg sollte Leitstern für das weitere Vorgehen sein. Die Überparteilichkeit leuchtet uns nicht nur den Weg in eine bessere Zukunft – sie ist auch Handlungsanweisung bei der Verteidigung der Demokratie.

Das stärkste Argument gewinnt: Mehr Wettbewerb der Ideen, weniger Fraktionszwang

Dies also sind die Zielstellungen für das Idealbild unseres bundesdeutschen Parlaments – was genau aber können wir oder vielmehr die Parteispitzen, Fraktionen, die Bundestagspräsidentin und ihre Vizepräsident*innen und MdB dafür tun, dass es Realität wird? Wir wollen nicht in die technischen Details der Geschäftsordnung des Deutschen Bundestages eintauchen – dies würde den Rahmen und die Zielstellung dieses Buches sprengen. Es gibt jedoch ein paar konkrete Dinge, die sich tun ließen und die wohl jeweils ihre Wirkung entfalten würden.

Zunächst haben wir bereits festgestellt, dass wir im Parlament dringend mehr Raum für *echte* Diskussionen brauchen. In diesen müssen ein Wettbewerb der Ideen stattfinden und die gesellschaftlichen Zielkonflikte ausdiskutiert werden können. Hierfür sollte der *Fraktionszwang* zumindest dahingehend gelockert werden, dass *gesellschaftliche Leitentscheidungen* regelmäßig mit einer *Orientierungsdebatte* im Parlament eingeleitet werden – also einer offenen Diskussion der persönlichen Standpunkte und Sichtweisen der Abgeordneten, unabhängig von ihrer Fraktionszugehörigkeit. Was sich bei ethischen Grundfragen bereits bewährt hat, würde auch bei grundlegenden politischen Weichenstellungen erlauben, die volle *Schwarmintelligenz* des Parlaments auszuschöpfen – und die Abgeordneten wirklich als Vertreter*innen unterschiedlicher in der Bevölkerung vertretener Strömungen zu verstehen. Diese Debatten dürften dann regelmäßig für *Sternstunden* des Parlaments sorgen – alles was es hierfür bräuchte, wäre ein gewisser Verzicht auf machtpolitische Kontrolle seitens der Fraktionsführungen sowie der Regierung. Es wäre ein politischer Führungsstil, der darauf *vertraut*, dass ein offener Diskussionsprozess eine sortierende Wirkung entfalten und damit eine besonders stabile Grundlage für eine nachhaltige Richtungsentscheidung darstellen kann – und damit eine selbstbewusste Führung, die sich zutraut, derlei machtpolitische Räume zu *halten*, anstatt jedes Detail zu kontrollieren. Es wäre ein erster Schritt der Abkehr von unserer patriarchalen Herrschaftslogik mit ihrem Bedürfnis nach Machtkonzentration – und hin zu einem zeitgemäßeren Führungsverständnis, das statt auf Hierarchien vor allem auf das stärkste Argument setzt.

Diese Orientierungsdebatten müssten durch eine allen Regeln der Kunst und Technik entsprechende digitale Kommunikations-Infrastruktur des Deutschen Bundestages für die sozialen Plattformen schnell und handwerklich geschickt aufbereitet werden, um so möglichst große Teile der Bevölkerung zu erreichen. Von den Vertreter*innen der herkömmlichen Medien würde eine solche politisch-kulturelle Neuerung verlangen, dass sie die Debatten nicht etwa als Schwäche der Regierung interpretieren – sondern das Potenzial dieses wirkmächtigen Diskursraumes erkennen und in ihrer Berichterstattung ausschöpfen.

Mehr davon: Zeit für Vermittlung und Kommunikation, Movement Politics und übergreifende, agile Zusammenarbeit

Darüber hinaus brauchen Abgeordnete dringend mehr – *Zeit.* Sollen sie ihre stellvertretende Rolle (für ihren Wahlkreis beziehungsweise im weitesten Sinne die Bevölkerung) im Zuge regelmäßiger, intensiver Orientierungsdebatten künftig stärker wahrnehmen können, müssen sich ihre Terminkalender dringend lichten. Zeitliches Einsparpotenzial besteht dabei vor allem bei den langen Abstimmungsrunden in Fraktionen und Landesgruppen sowie bei den Ausschusssitzungen. Wenn eine Fraktionsführung weniger kontrollieren muss beziehungsweise will, braucht es auch weniger Sitzungen hierfür. Bei den Ausschüssen könnten die Mitarbeitenden der MdB noch stärker als bisher die Sitzungen vorbereiten, um so deren Dauer zu verkürzen. Aktuell sitzen die Abgeordneten im Bundestag häufig stundenlang in einem Ausschusstermin, obwohl nur ein Bruchteil der Sitzung für sie selbst (als Berichterstatter*innen für jeweils nur eine bestimmte Anzahl an Themen) inhaltlich wirklich relevant ist.

Die hierdurch frei werdende Zeit könnten die Abgeordneten nutzen, um sich stärker als bislang mit zivilgesellschaftlichen und anderen Interessensvertreter*innen abzustimmen sowie Stimmungsbilder aus der Bevölkerung einzuholen. Dies würde ihnen erlauben, ihre für das Funktionieren unseres demokratischen Systems so wichtige Vermittler*innenrolle zwischen Parlament und Straße noch intensiver wahrzunehmen.

Somit hätten sie auf diese Weise auch mehr Zeit für die so entscheidende Kommunikation nach außen – und könnten die parlamentsinternen Prozesse häufiger und besser *erklären*. Die MdB würden künftig also stärker *kommunizierende* als koordinierende Aufgaben wahrnehmen – und damit dem von Social Media geprägten Zeitgeist der *always on*-Kommunikation besser gerecht werden können.

Ferner sollten parlamentarische Beteiligungsverfahren für die Zivilgesellschaft neu konzipiert werden. Zusätzlich zu den bislang üblichen sogenannten *Expert*innenanhörungen* sollten Formate einer inhaltlichen Zusammenarbeit eingeführt werden, die eine tiefere Durchdringung der gegenseitigen Standpunkte erlaubt. Zudem sollten hierbei Räume geöffnet werden, die es erlauben, der Zivilgesellschaft mitzuteilen, wie sich die aktuelle machtpolitische Gemengelage im Parlament darstellt. All dies sollte im Sinne der *Movement Politics* von einer politischen Kultur des gemeinsamen, möglichst hierarchiefreien Arbeitens getragen sein, um einen aufrichtigen, offenen Gedankenaustausch zu ermöglichen. Derlei Formate sind dabei keine *rocket science*, vielmehr kommt es auf die Ursprungsintention und die Bereitschaft an, sich machtpolitisch wie menschlich auch wirklich zu begegnen.

So ist es beispielsweise bei unseren BNB *Movement Politics*-Workshops zu einem wichtigen Anfangsritual geworden, zunächst über das persönliche *warum* der eigenen Arbeit zu sprechen, bevor man in den tieferen inhaltlichen Austausch eintaucht. Dies ermöglicht es, sich miteinander auf einer menschlichen Ebene zu verbinden und Parallelen in den jeweiligen Biografien beziehungsweise Beweggründen zu finden – was sodann dabei helfen kann, gemeinsam weitreichende und mutige Lösungsansätze zu entwickeln. Soweit der Bundestag *Arbeitsparlament* bleiben will und muss, sollte er also dringend seinen Methodenkasten entstauben und sich zwischenzeitlich bewährten, modernen Techniken der Zusammenarbeit bedienen, wie sie inzwischen auch in großen Konzernen üblich sind.[74] Es soll *der zentrale* Ort gesellschaftlicher, sektorübergreifender Zusammenarbeit sein – insofern ist es absurd, dass die Umsetzung neuer methodologischer Erkenntnisse dort bislang nicht einmal ernsthaft in Erwägung gezogen wurde. Das Bundestagspräsidium könnte eine überfraktionelle Arbeitsgruppe einsetzen, die erarbeitet, wie genau diese Methoden künftig in den Ausschüssen Verwendung finden sollten – unter den MdB wird es genügend Personen geben, für die deren Anwendung bereits aus ihren beruflichen Erfahrungen heraus Normalität ist.

Neben der oben bereits angesprochenen Schaffung einer umfassenden sozial-medialen Kommunikations-Infrastruktur sollte der Bundestag künftig – als weiteres Element eines zugänglichen Parlamentes, an dem stellvertretend für uns alle quasi Tag und Nacht gesellschaftliche Zielkonflikte ausgehandelt werden – möglichst alle seine Ausschuss- und sonstigen Sitzungen live streamen. Bei Plenardebatten ist dies auf bundestag.de bereits der Fall, dieses Angebot sollte jedoch erheblich ausgeweitet werden. Auch eine Verlängerung in das serielle Fernsehen sollte erfolgen, so wie dies unter anderem in Belgien bereits der Fall ist. KI-Anwendungen erlauben inzwischen, automatisiert Zusammenschnitte der entscheidenden Sitzungssequenzen zu erstellen. Würden diese für eine handwerklich gut gemachte Aufbereitung in den Sozialen Medien genutzt, würde das Parlament eine massive Reichweitensteigerung und erhöhte Aufmerksamkeit erfahren – was seiner systemisch für unsere Demokratie so zentralen Rolle besser gerecht würde, als dies bislang der Fall ist.

Auch Bürger*innenräte können eine punktuelle sinnvolle Ergänzung des parlamentarischen Betriebs sein, insbesondere um ein breiteres, strukturiertes Stimmungsbild einzuholen, das über jenes der amtierenden Abgeordneten hinausgeht. Der Bundestag hat mit diesem Instrument bereits experimentiert. Häufig fehlt hierbei jedoch ein echtes politisches »buy-in« der Fraktionsführungen oder Regierungen, sodass der Beteiligungsprozess per Bürger*innenrat Gefahr läuft, als Bericht in irgendeiner Schublade zu verstauben. Dieser Ansatz sollte also nur weiter erprobt werden, wenn die handelnden Politiker*innen wirklich bereit sind, die Ergebnisse verbindlich in ihre Entscheidungsprozesse einfließen zu lassen. Als Teil eines eher kreativ und offen arbeitenden Parlaments, wie wir es in diesem Kapitel erdacht haben, wäre ein solches Verfahren der Bürger*innenbeteiligung vermutlich eine wertvolle Ergänzung.[75]

Wollen wir in eine bessere politische Zukunft steuern, dürfen wir natürlich nicht bei dem Traum eines besseren Parlaments Halt machen. Wir dürfen – und sollen – wirkmächtige Bilder in unseren Köpfen zusammenstellen, von einer Gesellschaft, die uns anzieht, in der wir leben wollen und für die es sich zu engagieren lohnt. Was alles möglich ist, wenn wir zusammenarbeiten und ein paar grundlegende Anpassungen unserer politischen Kultur vornehmen, in was für einem großartigen Land wir dann leben könnten, das wollen wir im nächsten und abschließenden Kapitel dieses Buches behandeln. Unsere Demokratie im Jahr 2035 – kommst Du mit, liebe*r Leser*in?

Sechstes Kapitel
Ab in die Brand New Democracy 2035

Stell Dir vor, Du lebst in einem Land, in dem Du regelmäßig merkst: »Wow, wir wachsen als Gesellschaft gerade über uns hinaus, wir erreichen gemeinsam so viel, crazy!« Wäre das nicht großartig? Wie beschwingt würdest Du durch Dein Leben, Deinen Alltag gehen? Was hätte das für Auswirkungen auf Dich ganz persönlich?

Blicken wir auf unsere Demokratie, wie sie aktuell funktioniert, runzeln wir häufig erst einmal die Stirn, reiben uns die Augen, vielleicht atmen wir tief durch und stoßen einen Seufzer aus – wir sind besorgt, leiden mit und hoffen auf das Beste; einen ausgeprägten Glauben an grundlegende Verbesserungen haben wir nicht oder nur sehr selten.

So geht es nicht nur Dir, liebe*r Leser*in, sondern auch mir und wohl vielen Menschen in unserem Land immer wieder. Wir haben im Verlauf dieses Buches einige systemische Gründe hierfür ausgemacht – seien es die patriarchal geprägten Top-Down-Strukturen im Parlament, die Undurchlässigkeit der Parteien für neues Personal und Impulse aus der Zivilgesellschaft oder die kaum vorhandene überparteiliche Zusammenarbeit.

Wollen wir all dies überwinden und den Traum von der *Brand New Democracy* real werden lassen, unsere Demokratie dahin bringen, ihr volles Potenzial zu entfalten, müssen wir bei einem

Punkt anfangen, der für sie – und damit uns – so überaus relevant ist: Bei uns selbst. Geben wir uns dafür einen Zeitraum von zehn Jahren, bis 2035. In zehn Jahren können wir schon einiges grundlegend verändern.

Zurück auf Anfang: Die Demokratie ist nur so gut wie ihre Demokrat*innen

Was ist das Besondere an der Demokratie? Ohne hier in eine tiefere Begriffskunde einzutauchen, können wir festhalten: das Herrschen beziehungsweise Regieren durch den *demos*, durch das Volk beziehungsweise die Bevölkerung.[76] Wir alle also bestimmen mit in unserer Staatsform, vornehmlich indem wir zur Wahl gehen und uns darüber hinaus an unserem demokratischen Staatswesen beteiligen, etwa indem wir in politischen Debatten unsere Meinung kundtun, vielleicht einmal zu einer Demo gehen oder uns in einer Partei engagieren.

Wenn *wir* es sind, die bestimmen – sind dann nicht auch wir selbst dafür verantwortlich, wie die Dinge laufen?

Natürlich, ganz so einfach ist es nicht. Wir haben auf den zurückliegenden Seiten gesehen, wie schwer es uns das demokratische System und unsere politische Kultur aktuell teilweise machen, unseren etwaigen Gestaltungswillen zur Entfaltung zu bringen. Doch es bleibt auch im Angesicht dieser Herausforderungen und Defizite dabei – wollen wir das Beste aus unserer Demokratie herausholen, müssen wir bei den Menschen anfangen, also bei uns selbst. Wollen wir die *Brand New Democracy* 2035 erträumen, mitsamt all ihren Verbesserungen, neuen Dimensionen und Prozessen, so muss uns von vorneherein klar sein: All diese Vorhaben werden keine Chance auf eine Umsetzung haben, wenn unsere Demokratie nicht über das verfügt, was sie am dringlichsten braucht: überzeugte, sensible, wirkmächtige und pragmatische Demokrat*innen.[77]

Puh! Noch etwas, das von uns verlangt wird. Wir sollen also nicht nur liebevolle Mitmenschen, fürsorgliche Familienmitglieder, erfolgreich im Job und zudem mental resilient sein – sondern auch noch perfekte Demokrat*innen. Hört das etwa nie auf?

Ich fühle und teile die Überforderung ob all dieser gesellschaftlichen Anforderungen, die auf uns einprasseln. Ist Dir schon einmal aufgefallen, dass eigentlich fast jeder Mensch zwischen, sagen wir, 18 Jahren und 70 Jahren zu fast jeder Zeit auf die Frage »Wie geht's Dir?« mit so etwas antwortet wie: »Puh, ganz schön viel los momentan, aber schon alles okay«?! Ganz offensichtlich läuft etwas schief, oder? Wir sind alle dauerhaft *ein bisschen überlastet*, sehnen uns nach Erholung, nach einer Pause von unserem Alltag. Wir schleppen uns dem nächsten Urlaub entgegen, nur um dort angekommen, am Meer, auf dem Berg oder am See, festzustellen, dass die Unruhe in uns selbst wohnt und nicht nur in der Umgebung (auch wenn die dann meistens doch zumindest einen beruhigenden Effekt auf unser Nervensystem hat und wir ein wenig »runterkommen«). Wo soll da noch Platz dafür sein, uns um unsere Demokratie zu kümmern? Wir sind ja schon froh, wenn es uns gelingt, unser eigenes Leben halbwegs auf die Reihe zu bekommen – und dies noch umso mehr, wenn wir zudem für Familien und insbesondere Kinder verantwortlich sind. Nach Kita, Job, wieder Kita, Essenmachen, Aufräumen, zu Bett bringen noch in den Ortsverein der Partei, um dafür zu sorgen, dass unser Gemeinwesen funktioniert? Ganz ehrlich, ich kann es nur allzu gut verstehen, wenn Du Dich nach diesem Programm abends am liebsten einfach auf die Couch oder gleich ins Bett legen willst.

Und doch bleibt es dabei: Ohne Dich wird es nicht gehen. Ohne Dich, ohne mich, ohne uns. Du bist höchstwahrscheinlich ein*e überzeugte*r Demokrat*in, ansonsten hättest Du kaum zu diesem Buch gegriffen. Das ist toll und wichtig, wir teilen das miteinander und ich danke Dir sehr dafür!

Zugleich will ich Dich, da wir uns nun zumindest schon gut 160 Seiten lang »kennen«, um eine Sache bitten: Solltest Du es nicht schon längst sein, werde aktiv! Ich, unsere Demokratie, wir alle, wir brauchen Dich!

Wir wünschen uns von Dir sehnlichst, dass Du Deine Überzeugung von der Demokratie nutzt, um hieraus die Kraft und den Willen zu ziehen, Dich aktiv einzusetzen. Ja, es ist nicht leicht, einem solchen Engagement neben all dem, was in unseren Leben so los ist, die Zeit und den gedanklichen Platz einzuräumen. Doch wenn wir uns einmal vor Augen halten, worum es hier eigentlich geht, mag es begreiflicher werden, wie entscheidend Dein und unser aller demokratisches Engagement ist.

Unsere Demokratie ist nicht nur eine bestimmte Art und Weise, die Willensbildung und Entscheidungsfindung einer großen Anzahl an Menschen zu organisieren. Vielmehr wohnt ihr die Überzeugung inne, dass Menschen sich am freiesten und glücklichsten entfalten können, wenn sie als Gemeinschaft agieren – und eben nicht ein*e Einzelne*r alle Ansagen macht. Die Demokratie fußt damit auf Jahrhunderten an Erfahrungen, die der Menschheit teils aufs Brutalste vor Augen geführt haben, wie grauenvoll das menschliche Erleben sein kann, wenn ein Tyrann regiert.

Diese Dimension der Demokratie, durch die sie zunächst mit der Freiheit und später mit den universellen Menschenrechten verknüpft wurde, hat eine Bedeutung für all unsere Lebensrealitäten, die wir in der Hektik des Alltags schnell einmal aus dem Blick verlieren.

Die Demokratie ist höchstpersönlich

Wie sähen unsere Leben ohne die Demokratie aus? Hätten wir noch die Zeit, uns über den stressigen Alltag zu beklagen? Gäbe es überhaupt noch Kitas? Oder nur für bestimmte »Auserwählte«? Könnten wir überhaupt noch dem Job nachgehen, den wir uns ausgesucht haben? Oder würden wir zwangsverpflichtet, *irgendwas* anderes zu tun? Könnten wir lieben, wen wir wollen? Könnten wir Kinder bekommen, ohne dass uns der Staat dabei reinredet? Könnten wir die Musik hören, in die Clubs gehen, in die Länder in Urlaub fahren, die wir ausgewählt haben? Könnten wir unsere Meinung offen sagen?

Schauen wir in andere, nicht-demokratische Staaten, so sehen wir: Nein, vieles von dem könnten wir so nicht mehr. Wir sehen: Die Demokratie ist höchstpersönlich. Sie beeinflusst uns alle nicht nur *in der Theorie*, wenn wir mal die Tagesschau anschalten oder im Autoradio die Nachrichten hören – sondern jeden Tag, ganz praktisch und unmittelbar. Die Demokratie ist die Grundlage für unsere Lebensentwürfe, Basis für unsere persönliche Entfaltung. Für unsere Familien, für unsere Liebe, für unsere Zukunft.

So schwer es im Alltag fällt: Bitte halte Dir dies vor Augen, wenn Du Dich für oder gegen ein aktives Engagement in unserer Demokratie entscheidest. Je mehr Du für sie tust, je mehr wir alle für sie tun – desto besser wird sie funktionieren und desto widerstandsfähiger wird sie gegen die Manipulationen des Populismus sein.

Was genau Du tun sollst? Hey, wir sind ein freies Land! Entscheide Du das selbst. Prüfe dabei ehrlich Dir selbst gegenüber – und im Bewusstsein der überragenden Bedeutung der Demokratie auch für Dein persönliches Leben –, wie viel Du *wirklich* tun kannst.

Womit es anfängt und was wenig Zeit kostet: Geh auf die Website der Partei, der Du Dich am nächsten fühlst, und schicke einen Mitgliedsantrag ab. Fünf Minuten Arbeit. Mitgliedsbeiträge starten meist bei unter 10 Euro pro Monat.[78] Damit hast Du einen Anfang gemacht. Dank der Newsletter etc. der Partei wirst Du auf dem Laufenden gehalten – und bekommst so Impulse, wo Du Dich einbringen kannst.

Vermutlich bist Du auch viel auf Social Media unterwegs? Wenn ja, wie wäre es mit folgender Challenge: Anstatt ausschließlich zu Doomscrollen, verwende 30 Prozent Deiner Social-Media-Screentime darauf, in politischen Diskussionen in den Kommentarspalten eine pro-demokratische Position einzunehmen und zu verbreiten. Also bei 30 Minuten Social Media, neun Minuten davon politisch engagieren und diskutieren.[79] Falls es nicht schon der Fall ist, wird Dich spätestens das nachhaltig politisieren, trust me. Womöglich hast Du danach noch sehr viel mehr Motivation, Dich mit den Gleichgesinnten Deiner neuen Partei auszutauschen und mal zu einem Treffen des Ortsverbandes zu gehen. Denn der gesamtgesellschaftliche, politische Konflikt zwischen den Verfechtern und den Feinden unserer Demokratie ist längst im Gange, online wie offline. Wir brauchen Dich, Deine Bereitschaft und Deinen Mut, hinzusehen und Dich aufseiten der Demokratie einzusetzen.

Das parteipolitische Engagement ist deshalb derart zentral, weil die Parteien sich so schwertun, eine Dynamik zu entfachen und überzeugende Antworten auf die aktuellen gesellschaftlichen Fragen zu finden. Sie brauchen Dich.

Solltest Du null wissen, wie Du es anstellen sollst oder auch einfach keine ausgeprägte Idee davon haben, welche Partei für Dich infrage kommt, dann geh gerne einfach jetzt mal kurz auf brandnewbundestag.de – dort kannst Du Dich mit einer Handvoll Klicks in weniger als drei Minuten als Volunteer registrieren. Innerhalb von ein paar Tagen meldet sich das BNB-Team und vereinbart mit Dir einen Onboarding-Call, in dem Du einen Überblick erhältst, wie Du Dich engagieren kannst. So wirst Du Teil einer überparteilichen Community und kannst erfahren, was es bedeutet, sich für ein politisches Amt zu bewerben und was die Unterschiede zwischen den pro-demokratischen Parteien sind – und wer weiß, vielleicht bist Du die nächste Lena Werner, die von der Volunteer zur MdB wird.

Falls Du Dich nicht mit dem Gedanken eines parteipolitischen Engagements anfreunden kannst, hält natürlich auch die Zivilgesellschaft einige Optionen für Dich bereit – Du kannst Teil einer sozialen Bewegung werden und dort zum Beispiel Social-Media-Posts schreiben oder Demos mitorganisieren.

Es ist am Ende zweitrangig, wofür genau Du Dich entscheidest. Hauptsache, Deine Überzeugung, dass die Demokratie eine in jedem Fall erhaltenswerte Staatsform ist, wird in unserer Gesellschaft wirksam und erreicht andere. So kannst Du den sinnbildlichen demokratischen Staffelstab weiterreichen – und damit unser Gemeinwesen stärken und widerstandsfähiger machen. Je mehr wir sind, die Tag für Tag zu diesem riesigen sozialen Experiment namens Demokratie beitragen, die ihr die Stange halten, auch wenn es anstrengend ist und ihr Zeit einräumen, auch wenn zehntausend Dinge gefühlt gerade wichtiger sind – desto lebendiger, wirkmächtiger und zukunftsträchtiger wird unsere Demokratie sein.

Miteinander, nicht gegeneinander

Halten wir uns die übergeordnete Herausforderung vor Augen, die Demokratie – und damit die Grundlage für unser aller Leben – zu erhalten, so wird deutlich, dass sie in aller erster Linie eine *gemeinschaftliche* ist.

Verfolgen wir die Politik Tag für Tag, im TV oder den Sozialen Medien, so bekommen wir jedoch leicht den Eindruck, es würde ständig ums Gewinnen oder Verlieren gehen. Die eine Partei oder der andere Politiker – wer gewinnt die Wahl, wer das Mandat, wer die Diskussion in der Talkshow oder die Auseinandersetzung in Social Media. Natürlich ist all dies Teil des politischen Wettstreits, es ist selten anders gewesen. Was wir jedoch aus dem Blick zu verlieren drohen, ist die Tatsache, dass aus der kollektiven Perspektive von uns als Bevölkerung dieser Wettstreit nur dann Sinn ergibt, wenn er eingebettet ist in ein größeres *Verständnis* davon, weshalb wir all das tun. Wir streiten uns politisch, weil wir nicht wollen, dass nur ein einziger Mensch oder eine einzige Gruppe das Sagen hat. Wir haben die Möglichkeit, Mandate zu gewinnen oder zu verlieren, weil wir den *Wechsel* von Regierungsverantwortlichen erleben wollen – und in der Logik der Demokratie regelmäßig auch erleben *müssen*, es ist ihr Grundprinzip. Wir glauben daran, dass der *Schwarm*, das Volk, am besten geeignet ist, zu entscheiden, wer uns regiert. Daher werben unsere Kandidierenden, teils hitzig, darum, auch wirklich als jene wahrgenommen zu werden, die am meisten können und deshalb die Stimme der Wähler*innen verdienen.

All diese Prozesse und Auseinandersetzungen sind also gar kein Selbstzweck – sie erhalten vielmehr in ritualisierter Form die Grundprinzipien unserer Demokratie. Werden sie jedoch zunehmend von handelnden Politiker*innen, berichterstattenden Medien und kommentierenden Creator*innen wie ein Selbstzweck behandelt, wird also der Eindruck erweckt, unsere Demokratie wäre ein Spiel, in dem man verlieren oder gewinnen kann, so begeben wir uns auf den Holzweg. Wir brauchen den Wechsel, wir brauchen die Auseinandersetzung, das durchaus – doch letztlich stehen wir alle auf derselben Seite: auf jener der Demokratie. Wer innerhalb dieses pro-demokratischen Lagers Wahlen gewinnt und regiert, ist gegenüber diesem übergeordneten Interesse nachrangig (was nicht heißt, dass es inhaltlich nicht teils gewaltige Unterschiede machen kann). In den nächsten Jahren wird es mehr denn je darauf ankommen, dass wir als Demokrat*innen zusammenstehen – und nicht aus dem Blick verlieren, dass wir im selben Team sind. Denn unsere Gegner*innen, die Populist*innen, verstehen sich sehr wohl als Einheit gegen uns, die Verfechter*innen der liberalen, repräsentativen Demokratien.[80] Wir müssen daher weiter konstruktiv streiten und um Wähler*innen werben, doch zugleich unsere gemeinsame Basis und Identität als Demokrat*innen kultivieren. Denn unser geteiltes Anliegen ist das gesellschaftliche Fortkommen und unser gemeinsames Verständnis ist, dass dies in einem demokratischen Staatswesen am besten funktioniert.[81]

Stell Dir vor …

Gemeinsam statt alleine. Miteinander statt gegeneinander. Im Bewusstsein unserer geteilten Überzeugungen. Kannst Du Dir vorstellen, was für eine Gesellschaft hieraus entstehen kann? Was uns die Demokratie bescheren kann, wenn wir ihr Potenzial voll ausschöpfen?

Stell Dir einmal vor, wir würden in einem Land leben, in dem unsere politischen Parteien ihre Kandidat*innen nach einem transparenten, an fairen Kriterien orientierten Verfahren auswählen und gezielt coachen, damit sie ihre volle Wirkmacht als Mandatsträger*innen entfalten. Stell Dir vor, dass in den Parteien eine Kultur vorherrscht, in der es vorrangig darum geht, gemeinsam, als Gruppe das Bestmögliche zu erreichen – und viele Menschen dort es als ihre Aufgabe ansehen, Dir als Neumitglied oder potenzieller*m Kandidatin*en dabei zu helfen, jenen Weg zu gehen, der für Dich und uns als Gemeinschaft am vielversprechendsten ist; dass diese Menschen gezielt nach Personen in ihrem Umfeld und besonders auch in unterrepräsentierten Gruppen Ausschau halten, die sich als Vertreter*innen der Bevölkerung eignen würden. Parteien, in denen nicht der persönliche Wettbewerb, sondern das schrittweise gemeinschaftliche Erreichen eines übergeordneten Zieles im Vordergrund steht. In denen es allseits wertgeschätzte Gewohnheit ist, sich selbst zurückzunehmen, wenn die Gruppe beziehungsweise das Land von einem oder einer anderen Kandidat*in mehr profitieren würde. Hättest Du hier nicht Lust, mitzumachen?

Stell Dir vor, unsere Parlamente würden weitgehend frei von Fraktionszwängen die großen Fragen unserer Zeit ausdiskutieren. Sie würden in ihren Ausschüssen und Plenarsitzungen Zielkonflikte adressieren, schrittweise auflösen und konkrete Lösungen entwickeln. Überparteilich gilt die Vereinbarung, dass derlei ausgehandelte gesellschaftliche Weichenstellungen parteiübergreifend respektiert und nicht noch einmal infrage gestellt werden. All dies würde (sozial-)medial umfassend und auf eine unterhaltende Weise verbreitet, abends nach der Arbeit würdest Du gespannt Deinen Social-Media-Feed öffnen, um herauszufinden, was wir *schon wieder* auf den Weg gebracht und bewältigt haben. Unsere Rente ist seit heute zukunftssicher aufgestellt. Wir haben eine klare Strategie für die Stabilisierung von Mieten und die Schaffung von Wohnraum auch in großen Städten beschlossen. Mit den Digitalisierungssprüngen in der Bildung kommst Du gar nicht mehr mit – war das mit dem KI-basierten Lehrplan vor oder nach der Einführung von flächendeckenden Angeboten zur Persönlichkeitsentwicklung und mentalen Gesundheit schon bei Grundschüler*innen? Krass, seit heute arbeitet die Autoindustrie klimaneutral. Und in der Pflege haben wir schon seit ein paar Jahren kein Problem mehr, der geglückten Fachkräfteoffensive inklusive Zuwanderungs- und Ausbildungsprogrammen sei Dank. Wie würde es sich für Dich anfühlen, ein so wirkungsvolles Parlament zu erleben?

Stell Dir vor, Zivilgesellschaft und Politik, Parlament und Straße würden Hand in Hand arbeiten – gesellschaftliche Impulse, die sich verfestigen und per Demos, Panels oder an sonstiger Stelle im öffentlichen Diskurs geäußert werden, finden schnell Gehör in parlamentarischen Räumen. Dort werden sie aufgegriffen und ganz im Sinne der *Movement Politics* diskutieren Abgeordnete mit Vertreter*innen der Zivilgesellschaft offen und transparent ihre machtpolitische Durchsetzbarkeit. Wissenschaftliche Expertise wird hinzugezogen und faktenbasiert eingeflochten. Du nimmst diesen reibungslos funktionierenden demokratischen »Keilriemen« dergestalt wahr, dass Du kaum mehr unterscheiden kannst, was zuerst war – eine inhaltliche Forderung, die Du auf der Demo neulich mitbekommen hast, oder eine Gesetzesinitiative, die das Parlament dazu auf den Weg gebracht hat. Du bist erleichtert und stolz auf ein System, das in den Krisen unserer Zeit stets anpassungsfähig, schnell und nachhaltig handelt. Du hörst Deine Freund*innen und Familienmitglieder regelmäßig anerkennend und respektvoll über politische Verantwortliche sprechen – »Ich bin echt beeindruckt, wie schnell die das schon wieder auf den Weg gebracht haben.« Wie würdest Du in die Zukunft blicken, wenn politischer Fortschritt sich so rasant entfalten würde?

Stell Dir vor, Du würdest regelmäßig Politiker*innen erleben, die langfristig denken und dabei nicht davor zurückschrecken, kurzfristig auch einmal unpopuläre, aber faktisch gebotene, richtungsweisende Maßnahmen zu treffen. Diese politischen Verantwortlichen würden sich selbst und ihre persönliche Karriere nicht über die Maßen wichtig nehmen – entscheidend ist für sie unser nachhaltiges Weiterkommen als Gesellschaft. Sie sind eher bereit, heftige Kritik einzustecken und womöglich ein paar Jahre am öffentlichen Pranger zu stehen, als etwas unversucht zu lassen, das wir wirklich anpacken müssen. Überparteiliche Zusammenarbeit ist für sie ein wichtiges, strategisches Instrument zur nachhaltigen Gestaltung unserer Zukunft, kein »Beiwerk«. Sie beziehen Sichtweisen auch der Opposition mit ein, um den gesellschaftlichen Fortschritt, den sie herbeiführen wollen, auf eine noch solidere Grundlage zu stellen. Ohne dabei eine Verwässerung des eigenen Standpunkts oder Profils zu fürchten.

Diese Politiker*innen würden in unserem ergebnisoffen und faktenbasiert diskutierenden Parlament weitreichende Pläne vorlegen, die unsere Wirtschaft und unsere Lebensweise klimaneutral umstellen, dabei soziale Härten in den Blick nehmen, für einen entsprechenden finanziellen Ausgleich bei betroffenen Gruppen (die etwa ihren Arbeitsplatz wechseln müssen) sorgen und sich auf internationaler Bühne vehement dafür einsetzen, dass andere Industrienationen es ihnen gleichtun. Würden derlei Politiker*innen den Großteil der Welt regieren, wäre die Klimaerwärmung bald kein Thema mehr. Das menschliche Überleben auf unserem Planeten wäre bis auf Weiteres gesichert. Was würde dies mit Dir machen? Wie würdest Du künftig auf Deine Zukunft blicken?

Stell Dir vor, diese politischen Verantwortlichen würden getragen von Millionen von Menschen, die sich auf allen Ebenen parteipolitisch engagieren und für die dieses Engagement nicht zuallererst Bürde, Belastung oder Profilierungsraum ist – sondern ein Fest, ein Privileg, ein Feiern unserer Staats- und Lebensform. Für diese ehrenamtlichen Parteimitglieder wären die Treffen mit ihren Parteikolleg*innen regelmäßig Höhepunkte ihrer Tage und Wochen. Sie würden dort Selbstwirksamkeit genauso erfahren wie menschliche Anteilnahme, Freundschaftlichkeit und die Vermittlung von wertvollem Wissen zur Funktionsweise unserer Gesellschaft. Ihre geknüpften Verbindungen würden sich multiplizieren, da sie Freund*innen und Verwandte mitnehmen würden zu Veranstaltungen, Feiern und Diskussionen. Das Parteileben wäre ein lebendiger Ort – Du hast spontan Lust, am Wochenende feiern zu gehen? Na klar, Du schreibst mal Deinen Parteifreund*innen! Du verstehst nicht, weshalb Deine Partei das neue Pflegekonzept noch nicht umgesetzt hat? Die Partei-KI erklärt es Dir und verbindet Dich mit einer Abgeordneten oder Funktionsträger*in, falls Du weiterführende Fragen hast. In Deinem Kiez, Viertel oder Dorf könnte es wieder einmal ein Sportangebot geben? Du setzt es mit Deinen Parteifreund*innen um. Und ein neuer Radweg wäre wichtig? Nach zwei Messenger-Nachrichten überlegst Du mit dem oder der Bürgermeister*in, wie Du dieses Vorhaben auf den Weg bringen kannst. Wie wäre das bei Dir? Wärst Du dann ebenfalls Mitglied einer Partei?

Stell Dir vor, ein modernisiertes Staatswesen, mitsamt einer effizienten, digitalen Verwaltung setzt all die vom Parlament zeitnah und zielorientiert getroffenen Richtungsentscheidungen verlässlich und wirkungsvoll um. Über Dein bundesweites Portal »Meine Verwaltung« kannst Du gebündelt nicht nur Dich selbst betreffende Informationen zu Deinem Melderegistereintrag,

Deinem Elterngeldbezug, Deiner Steuererklärung oder Deiner Pflegeberechtigung einsehen, abändern und mit ein paar Klicks entsprechende Anträge einreichen – Du erhältst auch tagesaktuelle Informationen zum Stand der Umsetzung von wegweisenden Gesetzesvorhaben. Dank dieses »Trackers« siehst Du, dass von 1000000 neu zu bauenden beziehungsweise zu modernisierenden Wohnungen aktuell knapp 675000 bereits umgesetzt wurden. Zudem kannst Du per Klick einsehen, wann die restlichen 325000 Wohnungen fertig gestellt werden und welche Faktoren für die finale Timeline ausschlaggebend sind (unter anderem verfügbare Fachkräfte, Witterung, Baustoffkosten). Nach Deutschland einwandernde oder geflohene Menschen erhalten über »Meine Verwaltung« tagesaktuelle Informationen zum Bearbeitungsstand ihrer Aufenthaltserlaubnis und dank eines KI-Bots spezifische Tipps, wie sie sich in Deutschland zurechtfinden und ihren Aufenthalt dauerhaft verfestigen können. Über eine Schnittstelle kann der Bot auch verfügbare Jobs in ihrer Nähe anzeigen und eine E-Mail an die jeweiligen Arbeitsstellen versenden, mitsamt der Bewerbungsmappe. Wie wäre es für Dich, einen so wirkungsvollen Staat zu erleben? Eine Verwaltung, bei der Du Dir nach dem Besuch beim Bürger*innenamt denkst: »Krass, wie die schon wieder vorausgedacht und die Prozesse verbessert haben.« Was löst das für ein Gefühl in Dir aus?

Stell Dir vor, Du würdest in einem Land leben, in dem Du Dich als Wähler*in bestens informiert und einbezogen fühlst, was politische Prozesse betrifft. Du hast bereits in der Grundschule gelernt, mit »Meine Verwaltung« umzugehen, und hast ein tiefes Verständnis von der Funktionsweise der verschiedenen demokratischen Institutionen. Bei Fragen hilft Dir der KI-»Bundesbot« weiter, der in der Lage ist, Dir für einzelne konkrete Anliegen genaue Auskünfte zu geben – sei es zur voraussichtlichen

Entwicklung des CO_2-Preises oder zum geplanten Sportplatz in Deiner Gemeinde. Von zeitintensiven internen Abstimmungsrunden weitgehend befreite Mandatsträger*innen verwenden einen Großteil ihrer Zeit darauf, Dich als Wähler*in aufzuklären und Dir für Fragen zur Verfügung zu stehen. Sie sind jeweils nur ein paar Messenger-Nachrichten entfernt und antworten zuverlässig und kompetent. In Deinen Social-Media-Feeds erlebst Du spannende, teils intensive, jedoch immer faktenbasierte Debatten über die Zukunft unserer Gesellschaft, die Du gerne weiterträgst und mit Deinen Freund*innen und anderen online wie offline weiterdiskutierst. Wenn Ihr auf neue Impulse kommt, steht Dir per »Bundesbot« die Möglichkeit offen, diese direkt in den parlamentarischen Prozess einzubringen – die KI sortiert und bündelt derlei Impulse transparent und leitet sie an die jeweils zuständigen Abgeordneten weiter. Wie würde es sich für Dich anfühlen, so auf Politik einwirken zu können? Welches Lebensgefühl verbindest Du damit?

Eine bessere Zukunft, zum Greifen nah

Natürlich ist all dies zunächst vor allem ein Traum, eine *Vision* davon, wie wir 2035 miteinander leben könnten – keine Frage, es wären einige Herausforderungen auf diesem Weg zu meistern. Doch das Fantastische ist: Es ist möglich. Wir können auf diese Weise unsere Zukunft bauen – wenn wir alle gemeinsam an einem Strang ziehen.

Diese Zielbilder, die wir auf den letzten Seiten entworfen und gemeinsam erträumt haben, sollen uns dabei helfen, im Politischen einmal wieder den *Blick auf das Wesentliche* zu richten. Bei allem Diskutieren von und Grübeln über die Herausforderungen der Umsetzung – die im politischen Alltag schnell ins Klein-Klein und in Detailfragen ausarten können – dürfen wir nicht aus dem Blick verlieren, *wofür* wir dies eigentlich alles tun.

Wir tun dies, weil wir gemeinsam an ein besseres Morgen *glauben.* Unsere ganze Staatsform existiert aus der Überzeugung heraus, dass wir im Miteinander unsere bestmögliche Zukunft finden. All die Debatten, all die Talkshows, all die Plenarreden, all die Diskussionen in der Eckkneipe – sie dienen diesem Zweck! Wir diskutieren gemeinsam, wir ringen gemeinsam um Lösungen, wir entscheiden gemeinsam – weil wir daran *glauben*, dass wir auf diese Weise alle zusammen in eine bessere Zukunft, in ein (noch) besseres Leben unterwegs sind. Egal ob wir Linke, Liberale, Sozialdemokrat*innen, Grüne oder Konservative sind, dies ist es, was uns eint. An diesen Grundprinzipien müssen wir uns und unsere politischen Verantwortlichen messen – und wir müssen jeden Tag deutlich zum Ausdruck bringen, dass jene, die diese Grundsätze nicht achten, sondern das Funktionieren unserer demokratischen Gemeinschaft mit Populismus und Fake News zu manipulieren suchen, nicht Teil unserer Gruppe sein können.

Es wird sogar noch besser. Denn die womöglich beste Nachricht lautet: Wir sind bereits auf diesem Weg. Unsere demokratischen Institutionen funktionieren. Die meisten unserer politischen Verantwortlichen handeln aus hehren Motiven im Einklang mit rechtsstaatlichen Prinzipien und mit dem Bewusstsein um ihre Verantwortung. Die ganz große Mehrzahl der Menschen in Deutschland steht jeden Tag auf und trägt wohlwollend und freundlich ihren Teil dazu bei, dass unsere Gesellschaft ein Stückchen besser wird – sei es durch ein Lächeln beim Bäcker, eine doch noch einmal geöffnete Bustür für den heranrennenden Fahrgast oder ein reflektiertes, sensibles Feedback am Arbeitsplatz. Unser Bemühen um eine bessere Gesellschaft ist schon jetzt überall um uns herum sichtbar – wenn wir die demokratischen Rahmenbedingungen updaten und fit für unsere aktuellen Herausforderungen machen, gibt es nichts, das gegen uns sprechen würde; es gibt nichts, das uns als Demokrat*innen aufhalten könnte.

Gerade weil das so ist, weil wir schon so viele sind, die sich einsetzen, und weil unsere Chancen wirklich gut sind, gemeinsam Dinge zu erreichen, die wir heute kaum zu erträumen wagen, sollten und dürfen wir uns regelmäßig erlauben, den Blick zu heben und das *große Ganze* ins Visier zu nehmen. Alles kann und wird noch sehr viel besser werden in unserer *Brand New Democracy* 2035, weil *wir* mitmachen. Du und ich. Deal?

Blicken wir in diese große, strahlende, vielversprechende Zukunft, die wir gemeinsam bauen werden und vergegenwärtigen uns, wo wir damit stehen, so merken wir, dass es doch noch immer der Anfang ist. Denn dieses Kapitel, dieses ganze Buch, ja die gesamte Arbeit von BNB als Organisation hat letztlich nichts anderes getan, als unser gemeinsames, geteiltes *demokratisches Ideal* auf unsere Jetzt-Zeit zu übertragen. Wir haben hieraus Schlüsse abgeleitet, wie Parteien ihr Personal gewinnen, wie Parlamente arbeiten und wie wir als Bürger*innen gemeinsam für eine bessere Zukunft streiten sollten. Und doch bleibt es bei der simplen Idee des Ursprungs: gemeinsam statt alleine. So steuern wir in die *Brand New Democracy* 2035.

Epilog

Ich fühle mich ausgelaugt und zugleich euphorisch, als ich aus meinem Bett steige. Es ist nicht mehr dasselbe, in dem ich damals lag und die Doku über *Brand New Congress* guckte. Gute fünf Jahre sind seither vergangen.

Ich dusche, ziehe mich an, trinke einen Kaffee, chatte per Messenger mit ein paar Freund*innen, doomscrolle durch Instagram und mache mich schließlich auf den Weg zur S-Bahn, nach Berlin-Kreuzberg. Dort angekommen betrete ich nach zehn Minuten Fußweg einen großen Veranstaltungsraum, direkt am Landwehrkanal. Es ist der Tag, an dem wir fünf Jahre des Bestehens von Brand New Bundestag feiern. Ein großes Fest, zudem verleihen wir bereits zum zweiten Mal unseren »Progressive Voices« Award, mit dem wir zukunftsorientierte Akteur*innen aus Politik, Zivilgesellschaft und Wissenschaft auszeichnen.

In den Anfangsjahren von BNB waren diese Augenblicke vor dem Beginn von Veranstaltungen oft bange Momente: Wer würde am Ende wirklich kommen? Machen wir einen guten Eindruck? Werden wir als Organisation und handelnde Personen ernst genommen? Wird jemand unsere Legitimität als überparteilicher »Convener« infrage stellen? Werden die Abgeordneten, Kandis und Aktivist*innen miteinander klarkommen?

Ein Hauch dieser Gedanken weht auch an diesem Spätsommerabend durch den modernisierten Kreuzberger Backsteinbau mit seinen hohen Decken. Das BNB-Team wuselt durch die Gegend, letzte Vorbereitungen werden getroffen, der Merch-Stand mit Artikeln bestückt, die Barschichten eingeteilt, die Veranstaltungstechnik getestet.

Ich stehe da mit meiner Apfelschorle und muss an den Gendarmenmarkt denken. An die Anfänge mit Eva und Daniel, an die Tausenden von Menschen, die über die Jahre als Volunteers bei BNB gewirkt haben oder mit unserer Community in Berührung gekommen sind. An die Zeiten, als es noch kein hauptamtliches Team gab. Und die Momente, als wir nicht wussten, ob wir unsere Rechnungen ein paar Wochen später noch würden bezahlen können.

Was die Wenigsten an diesem Abend wissen: Mein Entschluss, mich aus der operativen Leitung von BNB zurückzuziehen, steht bereits seit mehreren Monaten fest. Zum Jahresende wird formell Schluss sein, ich unterstütze bereits zwei Co-Managing Directors bei ihrer Einarbeitung als meine Nachfolger*innen. »Walk the talk« nennen die Amis das gerne – eine Organisation, die für Transformation in der Politik, für das *Bessermachen* unserer Gesellschaft steht, braucht nicht auf lange Sicht einen weißen Juristen an ihrer Spitze. Ich kann der Organisation auch anderweitig helfen, beratend, multiplizierend, dies vielleicht sogar wirkmächtiger als in operativer Verantwortung. Zumal Maja Bisanz und Samuel Brielmaier, meine designierten Nachfolger*innen, sich für diese Aufgabe mindestens genauso eignen wie ich. Beide sind schon seit 2020 als Volunteers in der Organisation dabei, zählten zu den ersten hauptamtlichen Mitarbeiter*innen, kennen also unsere Kultur und Strategie wie ihre Westentaschen – und ergänzen sich auch mit ihren Stärken ideal: Maja als stets den Überblick wahrende Community-Koordinatorin und strukturierte Projektmanagerin, die als Politikwissenschaftlerin das Wirkungsfeld von BNB strategisch-zielorientiert durchdenkt, Samuel als analytisch-konzeptionell denkender Kopf mit einem Hintergrund in *Political*

Data Science, der mit einer gesunden Mischung aus politischer Kreativität und Pragmatismus gesegnet ist. Was könnte ich mir mehr wünschen, als BNB in diesen fähigen Händen zu wissen?

Ich gucke in meine Handynotizen, gehe die Stichpunkte meiner Rede noch einmal durch. Ich will Revue passieren lassen, was wir alles geschafft haben in diesen letzten fünf Jahren – und den Blick nach vorne richten, auf das, was wir alles noch schaffen können.

Die Gäste trudeln nach und nach ein. Der Saal wird voll bis in die letzte Ecke. Über zwei Dutzend Abgeordnete erkenne ich in der Menge, darüber hinaus viele namhafte Aktivist*innen, Creator*innen und Multiplikator*innen. Ein zukunftsorientiertes politisch-zivilgesellschaftliches Ökosystem versammelt sich, darunter Dutzende BNB-Kandis und Alumni*ae. Genau so soll es sein.

Als ich auf die ungewöhnlich hohe Bühne steige, um meine Rede zu halten, nach den Begrüßungen von Maja und Samuel, die von mir die operative Verantwortung bereits weitgehend übernommen haben, stehe ich plötzlich vor Hunderten von Menschen, die mich erwartungsvoll ansehen. In diesem Moment trifft es mich wie ein Blitzschlag: Es hat funktioniert.

Dieser Gedanke bringt mich aus der Fassung, ich muss mich sehr konzentrieren, um meine Rede wie geplant zu halten und die Zahlen der von uns über die Jahre unterstützten Kandis (127), der erlangten Mandate (38), mit uns assoziierten Abgeordneten (87) sowie der engagierten Volunteers (ca. 700) nicht durcheinanderzubringen. Als ich zum Ende des vorgesehenen Programms komme, stocke ich. Ich will noch irgendetwas sagen, das mein Empfinden an diesem Abend in Worte fasst. Es ist so überwältigend, dass ich es mir in diesem Moment kaum zutraue. Ich sehe dort eine *Gemeinschaft*. Viele Individuen, die nominell so vieles trennt – ihre Parteibücher, teils ihre politischen Ansichten, ihre Bevorzugung von

Aktivismus oder ihre Ablehnung von bestimmten Parteien. Und doch sind sie in meinen Augen eine Gemeinschaft – überparteilich, die Grenzen von Parlament und Straße überschreitend, alle von dem Glauben an eine bessere Zukunft geleitet.

Ich versuche, meine Gedanken zu sammeln. In der ersten Reihe links von mir funkeln mich die wachen Augen von Kassem Taher Saleh aufmerksam an. Ganz hinten im Saal sehe ich Armand Zorn, der die Menge mit seiner stattlichen Körpergröße überragt und konzentriert zuzuhören scheint. (Rasha Nasr ist zu diesem Zeitpunkt frisch gebackene Mutter und hatte digitale Grüße geschickt.) Direkt vor mir Lena Werner, die ehemalige Volunteer und amtierende MdB, das BNB-Team und in der Mitte des Raumes zahlreiche Kandis (mittlerweile sind viele von ihnen MdB geworden).

Mein Job war es, diese Community anzustoßen, dafür zu sorgen, dass sie existiert und ihr Potenzial erkannt wird. In vielen Momenten hat es sich so angefühlt, als würde die Community zu großen Teilen auf mir lasten, ihr Gewicht hat mich immer wieder bis in den Schlaf verfolgt und mich in meinem Bett umherwälzen lassen – mich darum sorgend, ob sie wirklich fortbestehen wird.

Doch an diesem Abend ist es anders. So ungewöhnlich hoch über der Menschenmenge stehend fühle *ich* mich von der Community getragen. Das ist das Gefühl, das ich zum Abschluss meiner Rede mit den Anwesenden teile.

BNB ist zu einer Community geworden, die sich aus sich selbst heraus multipliziert und trägt. Ehemalige Kandis nominieren ihre Freund*innen. Amtierende MdB kommen zahlreich auf uns zu und wollen dabei sein. Ein mit tiefer Anerkennung geäußertes »Ach cool, Du bist bei BNB« höre ich immer wieder mal von dritter Seite, wenn ein*e Kandidat*in sich vorstellt.

BNB is here to stay. And we are just getting started.

Dank

Mein Dank für die aufregende, lehrreiche, verändernde Zeit, die ich mit Brand New Bundestag erleben durfte, gilt so vielen Menschen, dass ihre Aufzählung den Umfang dieser beiden Seiten weit sprengen würde. Sie bleiben also unvollständig und richten sich doch auch an all jene, die hier nicht genannt, aber in meinem Herzen stets mitgetragen werden.

Zunächst bin ich meiner geliebten Partnerin und meinen besten Freunden seit Kindheitstagen so überaus dankbar für ihre fortwährende Unterstützung, ganz gleich, in welcher Lebenslage. Selbiges gilt für meinen Bruder – wie schön, dass wir uns haben. Und für all meine anderen engen familiären und freundschaftlichen Wegbegleiter*innen über die Jahre, ich weiß, dass ich auf Euch zählen kann. Nicht zu vergessen meine Eltern, ohne die all das hier gar nicht passieren könnte.

Bei Brand New Bundestag danke ich allen voran meinen beiden Nachfolger*innen in operativer Verantwortung: Maja Bisanz und Samuel Brielmaier – welch ein Glück für BNB und mich, dass Ihr diese Aufgabe mit so viel Leidenschaft und Klugheit ausfüllt. Eva-Maria Thurnhofer und Daniel Veldhoen, Euch verdankt BNB seine elektrisierende Energie des Anfangs. Eine Auflistung all der großartigen Menschen, die BNB über die Jahre als Teammitglieder, Volunteers, Geldgeber*innen und sonstige Unterstützer*innen zu dem gemacht haben, was es heute ist, könnte ein ganzes weiteres Buch füllen – Ihr seid hier dennoch alle von Herzen angesprochen, you know who you are!

Dieses Buch hat maßgeblich von den Anmerkungen von Maja Bisanz, Samuel Brielmaier, Madeleine Hofmann und Linda Henke profitiert. Felix Schellhorn und seinem wunderbaren Team vom Seehof Goldegg danke ich für die bestmögliche Atmosphäre in ihrem Traumhotel, um große Teile dieses Buchs zu verfassen. Nichts weniger gilt für Joana Breidenbach und ihren Traumort La Haute Carpenée.

Auf Verlagsseite gilt mein Dank Antje Steinhäuser für die äußerst umsichtige, einfühlsame redaktionelle Betreuung des Manuskripts sowie meinem Lektor Jonas Stiehler für die stets rasche, pragmatische und entgegenkommende Koordination unseres gemeinsamen Projekts. Zu danken habe ich auch Johannes Engelke sowie dem gesamten Team des Goldmann Verlags in der Penguin Random House Verlagsgruppe für das in mich gesetzte Vertrauen, ebenso wie Franziska Günther für die kompetente Begleitung dieses Vorhabens.

Anmerkungen

1 Vgl. https://brandnewbundestag.de/wp-content/uploads/Diversitaetsmodellierung_Bundestag_2025.pdf, S. 3 mit weiteren Nachweisen, u.a. Mansbridge, J. (1999). »Should Blacks Represent Blacks and Women Represent Women? A Contingent ›Yes‹«. The Journal of Politics, 61(3), 628 657. https://doi.org/10.2307/2647821 sowie [5] Brunsbach, S. (2011). »Machen Frauen den Unterschied? Parlamentarierinnen als Repräsentantinnen frauenspezifischer Interessen im Deutschen Bundestag«. Zeitschrift für Parlamentsfragen. 42(1), 3–24. www.jstor.org/stable/24240338.

2 Mit Luises Biografie und jener ihres Mannes, des Kunstmalers Erwin Oehl, kam ich in Berührung, als ich über die beiden in der 12. Klasse meine sogenannte »Facharbeit« in Geschichte schrieb. Ihr gleichsam erschütternder und ermutigender Lebensweg, von der Arbeiterin zur Widerstandskämpferin, die das KZ und den Nationalsozialismus um viele glückliche Jahre überlebt hat, ist mir noch heute jeden Tag Antrieb, unsere Demokratie zu verteidigen und für eine bessere Zukunft für alle zu streiten. Ein paar Informationen zu Luise und Erwin Oehl finden sich unter den folgenden Links: https://arbeiterarchiv.de/wp-content/uploads/2021/02/Oehl_Luise_1989_11_21.pdf.; https://de.wikipedia.org/wiki/Erwin_Oehl.

3 www.fes.de/themenportal-bildungspolitik/artikelseite-bildungspolitik/immer-noch-zu-wenig-vielfalt-im-bundestag; www.deutschlandfunk.de/bundestag-zusammensetzung-frauen-repraesentanz-102.html.

4 Stand: August 2025.

5 www.sueddeutsche.de/projekte/artikel/politik/bundestag-diese-abgeordneten-fehlen-e291979/.

6 47,3 Prozent der Deutschen arbeiten in sog. hochqualifizierten Berufen, vgl. www.destatis.de/DE/Themen/Arbeit/Arbeitsmarkt/Qualitaet-Arbeit/Dimension-6/erwerbstaetige-hochqualiiziert-berufe.html#:~:text=Hochqualifizierte%20Berufe%20werden%20immer%20wichtiger,2023%20bei%2047%2C3%20%25.

7 https://www1.wdr.de/nachrichten/bundestagswahl-2025/bundestag-zusammensetzung-statistik-100.html. Vgl. auch die historischen Zahlen, die bis zur 20. Wahlperiode u.a. einen ständigen Anstieg der Abgeordneten mit Abitur verzeichnen, www.bundestag.de/resource/blob/272942/Kapitel_03_09_Schul-_und_Hochschulbildung-pdf.pdf.

8 Vgl. etwa www.econstor.eu/bitstream/10419/289493/1/188507963X.pdf sowie die gesammelten Werke dieses Forschungsprojektes an der Universität Halle-Wittenberg, https://soziologie.uni-halle.de/professuren/bildung/stock/akademisierung_der_beschaeftigung/.

9 https://rockyourlife.de/.

10 Vgl. etwa https://www.humanistische-union.de/publikationen/vorgaenge/155/publikation/das-rechtsberatungsgesetz-von-1935-ein-anachronismus-gegen-den-alturismus/.

11 https://home.refugeelawclinics.de/2022/11/22/rlc-standorte/.

12 Shell-Jugendstudie 2024: www.shell.de/about-us/initiatives/shell-youth-study-2024/_jcr_content/root/main/section/simple/call_to_action/links/item0.stream/1730903501282/d8b545435fc2799eb6044e48b4a9fccc80b95b2d/ap-shell-jugendstudie-zusammenfassung-barrierefrei.pdf, Relevanz von politischem Engagement auf 37 Prozent gewachsen, S. 21; Parteimitgliedschaften stagnieren seit Jahren, lediglich leichte Anstiege rund um die BTW 2025, https://de.statista.com/statistik/daten/studie/1140195/umfrage/entwicklung-der-mitgliederzahlen-der-politischen-parteien-in-deutschland/; https://refubium.fu-berlin.de/bitstream/handle/fub188/44868/Parteimitglieder-Version-2024.pdf?sequence=1&isAllowed=y.

13 Studie der Bertelsmann Stiftung aus dem Jahr 2024, »Junges Engagement für sozialen Wandel«, www.bertelsmann-stiftung.de/de/publikationen/publikation/did/gennow-junges-engagement-fuer-sozialen-wandel; Zusammenfassung unter: www.bertelsmann-stiftung.de/de/themen/aktuelle-meldungen/2024/dezember/mehr-engagement-junger-menschen-ist-moeglich-wenn-sie-sich-ernst-genommen-fuehlen#detail-content-258816-3.

14 Dies gilt gerade auch mit Blick auf die Besserverdienenden und Hochvermögenden, die zwar eigentlich über die finanziellen Möglichkeiten einer klimaverträglichen Lebensweise verfügen, jedoch im Gegensatz dazu besonders viel CO_2 produzieren, www.deutschlandfunk.de/klimawandel-reichtum-vermoegen-co2-fussabdruck-ausstoss-reiche-100.html.

15 Sog. KSG-Novelle, www.bundestag.de/dokumente/textarchiv/2021/kw25-de-klimaschutzgesetz-846922.

16 www.tagesschau.de/inland/bundestag-klimaschutzgesetz-102.html; https://blogs.nabu.de/klimaschutzgesetz-final-aufgeweicht-laufende-klimaklagen-als-hoffnungsbringer/.

17 Vgl. hierzu allein die Arbeiten der Wirtschaftsnobelpreisträger von 2024, Daron Acemoğlu, Simon Johnson und James Robinson, www.zeit.de/wirtschaft/2024-10/wirtschaftsnobelpreis-geht-an-us-wohlstandsforscher. Sie haben in historischen Vergleichsstudien, die bis in die Kolonialzeit zurückreichen, nachgewiesen, dass demokratische, inklusive Institutionen entscheidend für den Wohlstand von Nationen sind. Siehe auch das Buch von Daron Acemoğlu und James Robinson, Warum Nationen scheitern, S. Fischer, 2013; vgl. die Rezension unter www.perlentaucher.de/buch/daron-acemoglu-james-a-robinson/warum-nationen-scheitern.html.

18 Ich spreche lieber von »Bevölkerung« als von Volk, weil ich gerne eine Politik erleben will, die alle in Deutschland lebenden Menschen in den Blick nimmt – und nicht nur jene, die deutsche Staatsangehörige sind. An die Staatsangehörigkeit knüpft sich jedoch aus juristischer Perspektive der Volksbegriff. Vgl. dazu auch die Kunstaktion, die einen neuen Schriftzug für das Portal des Reichstags entwarf: »Der deutschen Bevölkerung« sollte danach künftig dort stehen, nicht länger das dort aktuell prangende »Dem deutschen Volke«, https://derbevoelkerung.de/.

19 Vgl. etwa das Buch von Peter Dausend und Horand Knaup mit dem bezeichnenden Titel *Alleiner kannst du gar nicht sein*, dtv, 2020, der einen Abgeordneten so (anonym) zitiert; zudem auch die Schilderungen von Jürgen Leinemann, *Höhenrausch – Die wirklichkeitsleere Welt der Politiker*, Heyne, 2004.

20 Vgl. ausführlicher erstes Kapitel und die Nachweise dort, insbesondere www.tagesschau.de/inland/bundestag-klimaschutzgesetz-102.html; https://blogs.nabu.de/klimaschutzgesetz-final-aufgeweicht-laufende-klimaklagen-als-hoffnungsbringer/. Nichtsdestoweniger war die Rolle von Fridays for Future selbstredend elementar dabei, Klimaschutz auf die politische Agenda in Deutschland zu bringen, was sich neben dem Klimaschutzgesetz mitunter auch in dem wegweisenden Beschluss des Bundesverfassungsgerichts vom 24. März 2021 ausdrückte, www.bundesverfassungsgericht.de/SharedDocs/Pressemitteilungen/DE/2021/bvg21-031.html.

21 Spiegelbildlich und in dieser Hinsicht bezeichnend werden vom Fraktionszwang ausgenommene Plenardebatten dann auch regelmäßig als »Sternstunden des Parlaments« bezeichnet, vgl. hierzu ausführlicher die Ausführungen im fünften Kapitel.

22 Wie bereits oben erwähnt, gilt dies umso mehr, wenn hiervon vor allem die Zivilgesellschaft betroffen ist – und zugleich starker Einfluss von Wirtschaftslobbyist*innen ausgeübt wird, die mitunter auch mal eine ganze Gesetzesvorlage beisteuern, vgl. etwa www.zeit.de/online/2006/10/lobbyismus/komplettansicht bzw. umfassend www.lpb-bw.de/lobbyismus.

23 https://de.statista.com/statistik/daten/studie/153820/umfrage/allgemeines-vertrauen-in-die-parteien/.

24 Vgl. hierzu etwa die Forschung von Tamas David-Barrett, https://www.handelsblatt.com/politik/international/geschlechter-patriarchale-strukturen-sind-keine-unueberwindbaren-mauern/100089206.html

25 Vgl. https://nationalgeographic.de/geschichte-und-kultur/2023/01/diskriminierung-von-frauen-woher-kommt-das-patriarchat/.

26 Fredmund Malik, *Führen, Leisten, Leben,* Campus Verlag, 2000.

27 Vgl. https://www.bpb.de/kurz-knapp/lexika/politiklexikon/18329/technokratie/.

28 Genau genommen wählen diese den Deutschen Bundestag, der dann wiederum den*die Kanzler*in wählt. Nachdem in den Wahlkämpfen jedoch regelmäßig die Spitzenkandidat*innen der Parteien eine besonders prominente Rolle einnehmen, erleben wir eine nicht unerhebliche Personalisierung der Wahlentscheidung – sodass für viele Wähler*innen eben gerade der*die *Kandidat*in* ausschlaggebend dafür ist, bei welcher *Partei* sie ihr Kreuz machen. Entsprechend haben Kanzler*innen meist auch sehr genau im Blick, wie es um ihre Beliebtheit in der Bevölkerung bestellt ist.

29 Auf besonders perverse Art und Weise bricht sich diese Vorstellung aktuell im US-amerikanischen Techno-Libertarismus des Silicon Valley, allen voran von Peter Thiel, Elon Musk und Co., Bahn. Vgl. hierzu etwa den Podcast des Deutschlandfunks, www.deutschlandfunk.de/die-peter-thiel-story-1-6-willkommen-im-thielverse-100.html.

30 Laut Schätzungen mehrerer, vom Autor konsultierter Kommunikationsexpert*innen aus dem politischen Betrieb. Auch wenn die pro-demokratischen Parteien deutsch-

landweit in Landesgeschäftsstellen etc. naturgemäß weitere Personen im Bereich Social Media beschäftigen, reichen sie in dieser Hinsicht wohl bei Weitem kaum an die Ressourcen der AfD heran. Insofern kann ich den Autor*innen des Abschlussberichts der »Initiative für einen handlungsfähigen Staat« nur insoweit beipflichten, als dass der Umgang mit den Sozialen Medien und die Stabilisierung einer demokratischen Diskurskultur an die »Spitze der politischen Agenda« gehört, www.ghst.de/fileadmin/images/01_Bilddatenbank_Website/Demokratie_staerken/Initiative_f%C3%BCr_einen_handlungsf%C3%A4higen_Staat/Abschlussbericht/Abschlussbericht_neu.pdf, S. 140.

31 So entfielen im Bundestagswahlkampf 2025 auf YouTube zum Beispiel etwa 80 % der Likes unter den politischen Parteien auf die AfD, www.basecamp.digital/bundestagswahl-2025-social-media-im-wahlkampf-der-parteien/.

32 Vgl. https://www.falter.at/blauland/20240725/zwei-blaue-propagandistinnen-wollen-ins-parlament; https://www.parlament.gv.at/person/30648; https://www.parlament.gv.at/person/87039.

33 Vgl. hierzu grundlegend Johannes Hillje, *Mehr Emotionen wagen*, Piper, 2025.

34 Vgl. allein das Leak bezüglich der »Social Design Agency« in Moskau, einer kremltreuen Content-Fabrik, https://www.tagesschau.de/investigativ/ndr-wdr/russland-propaganda-fakenews-sda-deutschland-100.html.

35 Vgl. hierzu bereits etwas ausführlicher den Prolog zu diesem Buch.

36 Vgl. hierzu insbesondere die Arbeit von Emilia Roig, https://www.fes.de/akademie-management-und-politik/veroeffentlichungen/mup-interviews/mit-intersektionalitaet-zu-einer-gerechteren-gesellschaft.

37 https://brandnewbundestag.de/unsere-forderungen.

38 Zu den nachweislich positiven Effekten von diverser Repräsentation mit Blick auf inhaltliche politische Entscheidungen, vgl. bereits Prolog bzw. https://brandnewbundestag.de/wp-content/uploads/Diversitaetsmodellierung_Bundestag_2025.pdf.

39 Bzw. durch die *Bevölkerung*, vgl. bereits meine Ausführungen dazu im ersten Kapitel.

40 Die aktuellen Mitglieder des Squad sind auf der Website von Brand New Bundestag zu finden, https://brandnewbundestag.de/unsere-abgeordneten.

41 Schlussendlich wurden Rasha Nasr und Kassem Taher Saleh (B90/Die Grünen) bei der Wahl 2021 als die ersten beiden People of Colour aus Sachsen in den Bundestag gewählt.

42 Die Gruppe der afrodeutschen Politiker*innen ist noch sehr bzw. viel zu überschaubar, vgl. etwa www.deutschland.de/de/topic/politik/diversitaet-in-deutschland-i-afrodeutsche-politiker.

43 Hinzu kommen 44 Abgeordnete des Europaparlaments, die im Zuge der von BNB koordinierten Kampagne »EU Future 100« als besonders zukunftsgerichtete Kandidierende gekürt worden waren und schließlich erfolgreich ein Mandat erringen konnten, vgl. https://brandnewbundestag.de/eu-future-100. Darunter sind neun Europaparlamentarier aus Deutschland.

44 Vgl. hierzu bereits die Ausführungen im zweiten Kapitel. Hiermit gemeint ist der Allgemeinheit normalerweise nicht zugängliches Wissen, das insbesondere Personen in

Machtpositionen vorbehalten ist und von diesen untereinander vermittelt wird. Zur Begriffsbedeutung allgemein, vgl. www.dwds.de/wb/Herrschaftswissen.

45 Zu seinen Ursprüngen, vgl. u. a. Michael Walzer, *Political Action – A Practical Guide to Movement Politics*, www.nyrb.com/products/political-action, 1971.

46 Vgl. u. a. für das in den USA vorherrschende Verständnis von *Movement Politics* https://miunited.org/movement-politics/#:~:text=Embracing%20the%20urgency%20of%20our,narrative%20of%20empowerment%20and%20mobilization; https://peoplesaction.org/movement-politics/; wesentlich inspiriert mitunter von Naomi Klein, This Changes Everything: Capitalism vs. The Climate, https://climateandcapitalism.com/2014/10/19/naomi-klein-climate-change-mass-social-movements-can-save-us/#:~:text=The%20reason%20for%20this%20ominous%20failure%2C%20she,saving%20the%20environment%20and%20achieving%20social%20justice. Zur BNB Movement Politics Plattform vgl. https://brandnewbundestag.de/movement-politics-plattform.

47 Der Text der Brand New Agenda ist unter https://brandnewbundestag.de/wp-content/uploads/BrandNewAgenda_BNB.pdf zu finden.

48 Vgl. zu der absurden Verwendung dieses Begriffs durch Christian Lindners FDP im Herbst 2024 u. a. www.tagesspiegel.de/politik/in-vier-phasen-zur-offenen-feldschlacht-so-prazise-plante-die-fdp-das-ampel-aus-12789071.html.

49 www.bpb.de/kurz-knapp/hintergrund-aktuell/560839/grundgesetzaenderung-fuer-verteidigung-und-sondervermoegen/.

50 Brand New Bundestag, Brand New Agenda, September 2022, abrufbar unter: https://brandnewbundestag.de/wp-content/uploads/BrandNewAgenda_BNB.pdf.

51 Vgl. Steffen Mau, Thomas Lux und Linus Westheuser, *Triggerpunkte – Konsens und Konflikt in der Gegenwartsgesellschaft*, Berlin, Suhrkamp, 2023, die hervorheben, dass der gesellschaftliche Grundkonsens in der politischen Mitte tatsächlich breiter ist, als teils im öffentlichen Diskurs angenommen wird. Für die Wahrnehmung einer stärkeren Polarisierung des Diskurses seien vielmehr bestimmte »Triggerpunkte« verantwortlich, wie etwa das Gendern – wobei bspw. zugleich 84 Prozent der Befragten die Anerkennung der geschlechtlichen Selbstbestimmung befürworten würden, vgl. auch www.perlentaucher.de/buch/thomas-lux-steffen-mau-linus-westheuser/triggerpunkte.html. Die Organisation More in Common hatte in ihrer Studie »Einend oder spaltend? Klimaschutz und gesellschaftlicher Zusammenhalt in Deutschland« bereits festgestellt, dass die Notwendigkeit des Klimaschutzes in der deutschen Bevölkerung breit erkannt wird, die Debatte hierüber jedoch häufig als spaltend wahrgenommen wird, www.moreincommon.de/publikationen/klimaschutz-gesellschaftlicher-zusammenhalt/.

52 Hierbei handelt es sich um informelle Zusammenschlüsse von Abgeordneten außerhalb der parlamentarischen Strukturen, vgl. www.sueddeutsche.de/politik/aktuelles-lexikon-parlamentskreis-1.4218908.

53 Also der »Entwurf des Bundeskabinetts«. Stimmt das Kabinett diesem zu, spricht man vom sogenannten »Regierungsentwurf«. Zum Ablauf des Gesetzgebungsverfahrens im Bundestag, vgl. u. a. www.bmas.de/DE/Service/Gesetze-und-Gesetzesvorhaben/vom-entwurf-zum-gesetz.html.

54 Vgl. insofern auch die im Abschlussbericht der »Initiative für einen handlungsfähigen Staat« enthaltene interessante Empfehlung, einen »offenen Referentenentwurf« einzuführen, der noch nicht zwischen den Ressorts abgestimmt sein und so eine breite Diskussion ermöglichen soll, www.ghst.de/fileadmin/images/01_Bilddatenbank_Website/Demokratie_staerken/Initiative_f%C3%BCr_einen_handlungsf%C3%A4higen_Staat/Abschlussbericht/Abschlussbericht_neu.pdf, S. 30ff. Auch wenn dies künftig berücksichtigt werden würde, bliebe die Anforderung für die Zivilgesellschaft bestehen, ihre Impulse so früh und mit so viel Vehemenz wie möglich in das Verfahren einzubringen. Darum sollten sich selbstredend auch die staatlichen Akteur*innen bemühen, schließlich sollte ihr Interesse einem möglichst belastbaren, nachhaltigen Gesetzgebungsverfahren gelten. Siehe dahingehend auch die Empfehlung im Abschlussbericht, die Regelfristen für Stellungnahmen im Gesetzgebungsverfahren (seitens u. a. der Fachkreise und Verbände) einzuhalten, S. 30.

55 Vgl. hierzu bereits das zweite Kapitel.

56 Vgl. www.bundestag.de/services/soziale_medien/instagram_praesidentin/1-bas-striesener-erklaerung-1001688.

57 Vgl. u. a. www.deutschlandfunk.de/bis-hierher-und-nicht-weiter-politiker-gemeinsam-gegen-gewalt-102.html; www.zeit.de/news/2024-05/05/striesener-erklaerung-politiker-rufen-gegen-gewalt-auf; www.spiegel.de/politik/deutschland/angriff-auf-spd-politiker-matthias-ecke-mehr-als-hundert-politiker-unterzeichnen-erklaerung-gegen-gewalt-a-bd4c7c18-f86e-48f0-a8ce-ac89ed9aee7b; www.sueddeutsche.de/politik/waffen-grosse-resonanz-auf-striesener-erklaerung-gegen-gewalt-dpa.urn-newsml-dpa-com-20090101-240506-99-937188.

58 Zum genauen Inhalt des Papiers vgl. www.spiegel.de/wirtschaft/service/gaspreisbremse-abgeordnete-fordern-aenderungen-an-konzept-a-b3411ea0-6da3-424b-a8c4-43aab0a7c249 bzw. die Ausführungen sogleich unten.

59 www.spiegel.de/wirtschaft/service/gaspreisbremse-abgeordnete-fordern-aenderungen-an-konzept-a-b3411ea0-6da3-424b-a8c4-43aab0a7c249.

60 Vgl. www.morgenpost.de/politik/article236798987/gaspreisbremse-einmalzahlung-warten-dezember-abschlag.html. Unser Forderungspapier hatte mit einer absoluten Begrenzung der zu subventionierenden Gasmenge zwar noch ein anderes *Instrument* vorgeschlagen als die Versteuerung der Subvention seitens Besserverdienenden. Zentral war jedoch vor allem das übergeordnete *Ziel*, eine möglichst genaue Verteilung der Steuergelder zu erreichen. Auch an diesem Gesetzgebungsprozess wirkten zahlreiche zivilgesellschaftliche Expert*innen und Wissenschaftler*innen mit, die ebenfalls hierfür eintraten – unser Forderungspapier unterstützte deren Positionierungen mit der so wichtigen politischen Durchschlagskraft in Person von 24 MdB.

61 www.fr.de/wirtschaft/steuern-energiehilfen-gaspreisbremse-christian-lindner-soli-gutverdiener-92313211.html. Dies lag vor allem an den sich positiver als noch im Herbst 2022 erwartet entwickelnden Gaspreisen – der Staat zahlte deutlich weniger Subventionen, als ursprünglich angenommen.

62 www.spiegel.de/politik/deutschland/24-bundestagsabgeordnete-von-spd-und-gruenen-lehnen-eu-asylreform-ab-a-46b70f27-9f97-4fac-a5e6-832da5622804. Hierbei

war es ein Zufall, dass es wieder genau 24 MdB waren, wie schon bei unserer öffentlichen Stellungnahme zur Gaspreisbremse – die Gruppe setzte sich diesmal anders zusammen, wenn gleich natürlich einige Abgeordnete an beiden Aktionen beteiligt waren.

63 www.demokratie-geschichte.de/index.php/3127/wer-deutschland-regieren-will-muss-es-sich-erobernbrdas-kaiserreich-als-monarchisches-projekt-wilhelms-i/.

64 Zur begrifflichen Unterscheidung des *Populismus* von *populärer Politik* vgl. unten, sechstes Kapitel bzw. u.a. die Arbeit von Johannes Hillje, Propaganda 4.0: Wie rechte Populisten unsere Demokratie angreifen, Dietz, 2021, S. 29 ff., dort Bezug nehmend auf den niederländischen Politologen und Populismusexperten Cas Mudde. Während Populismus immer demokratiefeindlich, weil anti-institutionell, argumentiert, sind populäre Formen der Kommunikation regelmäßig angezeigt und empfehlenswert, um pro-demokratische Positionen zu vermitteln.

65 Das Bruttoinlandsprodukt Deutschlands ist seit 1991 mit kürzeren krisenbedingten Ausnahmen (Finanzkrise 2008/2009, COVID-Pandemie 2020) stetig gewachsen, https://de.statista.com/statistik/daten/studie/1251/umfrage/entwicklung-des-bruttoinlandsprodukts-seit-dem-jahr-1991/; die polizeilich erfassten Straftaten befinden sich auf einem niedrigeren Niveau als 1993 und sind seither vergleichsweise konstant, https://de.statista.com/statistik/daten/studie/197/umfrage/straftaten-in-deutschland-seit-1997/; der Human Development Index der Vereinten Nationen, der u. a. Lebenserwartung, Zugang zu Wissen und den allgemeinen Lebensstandard misst, hat mit Blick auf Deutschland zwischen 1990 und 2022 um 14,7 Prozent zugelegt und weist Deutschland als Top 7 der meist entwickelten Länder weltweit aus, www.undp.org/de/germany/news/zusammenfassung-der-menschlichen-entwicklung-deutschland-1990-2022. Problematischer ist die Lage bei den Reallöhnen, die diese Erfolgsgeschichte Deutschlands nicht nachvollzogen haben und grundlegende Fragen der Verteilungsgerechtigkeit aufwerfen, die politisch viel intensiver diskutiert werden müssten. So wurden Lohnerhöhungen in der Vergangenheit lange durch Inflation und gestiegene Verbraucherpreise aufgezehrt, erst seit 2024 sind wieder spürbare Reallohnzuwächse zu verzeichnen, www.tagesschau.de/wirtschaft/konjunktur/realloehne-steigen-inflationspraemie-100.html.

66 Dies soll nicht relativieren, dass wir dringend eine einschneidende Regulierung der sozialen Plattformen brauchen, die noch über die aktuellen Möglichkeiten des sog. Digital Services Act (DSA) auf EU-Ebene hinausgehen. Dass wir als demokratische Gesellschaften zugelassen haben, dass die globalen Kommunikationsströme weitgehend privatisiert wurden und nun in den Händen von ein paar Männern – vor allem Elon (Musk) und Mark (Zuckerberg) – liegen, ist womöglich die fahrlässigste politische Unterlassung des letzten Jahrzehnts. Solange wir diese durchgreifende Regulierung jedoch noch nicht umgesetzt haben, müssen wir diese Realität anerkennen und die Sozialen Medien so gut es eben geht für die Stabilisierung des demokratischen Diskurses nutzen, siehe dazu auch sogleich unten.

67 Vgl. www.zvab.com/9783822640890/Sternstunden-Parlaments-Barzel-Rainer-Hrsg-3822640891/plp.

68 Vgl. www.faz.net/aktuell/politik/inland/warum-grosse-bundestagsdebatten-als-sternstunden-gelten-16141095.html.

69 Dies gilt jedenfalls im »Regelbetrieb« des deutschen Bundestags bzw. solange Gesetze mit einfacher Mehrheit beschlossen werden. Bei Vorhaben, die eine Zweidrittelmehrheit erfordern, muss die Regierung je nach Stimmverhältnissen im Parlament durchaus die Opposition mit einbeziehen – so wie dies 2025 etwa mit Blick auf die Verfassungsänderungen im Zuge der Reform der Schuldenbremse der Fall war. Auch bei der Wahl von Bundesverfassungsrichter*innen ist eine solche Zweidrittelmehrheit erforderlich, wie im Sommer 2025 der Fall von Frauke Brosius-Gersdorf einer breiteren Öffentlichkeit bewusst machte, vgl. u. a. www.tagesschau.de/inland/innenpolitik/brosius-gersdorf-richterwahl-szenarien-100.html.

70 Naturgemäß werden im Zuge eines Gesetzgebungsverfahrens verschiedene Standpunkte beleuchtet und ausverhandelt, es wird externe Expertise eingeholt und das Gesetz nach und nach fachlich geschärft. Diese Diskussionen und gemeinsame Arbeiten sind jedoch in aller Regel den »berichterstattenden« MdB der Regierungsfraktionen sowie den zuständigen Beamten aus den Bundesministerien vorbehalten. Die Opposition bleibt regelmäßig außen vor.

71 Zu Arbeitsparlament vs. Redeparlament, vgl. bereits Max Weber, Parlament und Regierung im neugeordneten Deutschland, 1918, www.duncker-humblot.de/buch/parlament-und-regierung-im-neugeordneten-deutschland-9783428135127/?page_id=1; www.faz.net/aktuell/politik/inland/warum-grosse-bundestagsdebatten-als-sternstunden-gelten-16141095.html.

72 www.swr.de/swrkultur/wissen/archivradio/franz-josef-strauss-1987-rechts-von-der-csu-102.html.

73 https://www.zdfheute.de/politik/deutschland/afd-verbot-bundestag-100.html.

74 Dazu gehören selbstredend die in der Software-Entwicklung entstandenen Methoden wie Scrum oder Agile, Design Thinking oder etliche weitere. Dabei wird weniger die Frage entscheidend sein, welche dieser Methoden das Parlament nutzt, sondern vielmehr *dass* es diesen Schritt wirklich geht.

75 Vgl. hierzu auch die im Abschlussbericht der »Initiative für einen handlungsfähigen Staat« enthaltenen Empfehlungen, www.ghst.de/fileadmin/images/01_Bilddatenbank_Website/Demokratie_staerken/Initiative_f%C3%BCr_einen_handlungsf%C3%A4higen_Staat/Abschlussbericht/Abschlussbericht_neu.pdf, S. 143 ff.

76 Vgl. zum Verhältnis von Volksbegriff und der Notwendigkeit einer Politik, die die gesamte *Bevölkerung* in den Blick nimmt, bereits meine Ausführungen im ersten Kapitel.

77 Vgl. hierzu auch Herfried Münkler, *Die Zukunft der Demokratie*, der von »kompetenten und engagierten« Bürger*innen spricht, www.brandstaetterverlag.com/buch/die-zukunft-der-demokratie/.

78 Für Menschen ohne Erwerbseinkommen gibt es häufig Sonderregelungen mit niedrigeren Sätzen, so z. B. 2,50 Euro pro Monat bei der SPD, https://meine.spd.de/meine-daten/beitragsquittung/mitgliedsbeitragshoehe; bei der FDP sind es für Menschen in Ausbildung 5 Euro pro Monat, https://mitgliedwerden.fdp.de/fragen-und-antwor-

ten-zur-mitgliedschaft; bei B90/Die Grünen gilt 1 Prozent des Nettoeinkommens als Richtwert, niedrigere Beiträge können jedoch individuell mit dem jeweiligen Kreisverband abgestimmt werden, www.gruene.de/mitglied-werden; die monatlichen Beiträge bei der LINKEN beginnen bei 1,50 Euro, www.die-linke.de/partei/grundsatzdokumente/bundesfinanzordnung/beitragstabelle/; bei der CDU gelten 8 Euro im Monat als Mindestbeitrag, für Erwerbslose werden jedoch 5 Euro/Monat bzw. nach individueller Vereinbarung auch weniger fällig, https://archiv.cdu.de/mitglied-werden.

79 Falls Du dabei – wie ich und so viele andere – ab und an jedes Zeitgefühl verlieren solltest, dann nimm doch diese »Messgröße«: Jeden Tag mindestens einen politischen Kommentar und ein weitergeleitetes Video an eine*n Freund*in, okay?

80 Tatsächlich ist es in diesem Kampf für unsere Demokratie wichtig, dass wir auch den Begriff des »Populismus« trennscharf verwenden. Er ist gekennzeichnet durch eine Meta-Erzählung, wonach es eine abgehobene Elite gäbe, die das Volk ausbeutet. Populist*innen reklamieren für sich, die »wahren Vertreter*innen« des Volkes zu sein, alle anderen Parteien seien Teil des »korrupten Establishments«. Insofern ist der Populismus per se anti-demokratisch, weil er nur die Repräsentation des Volkswillens durch eigene, also populistische Kräfte akzeptiert. Er unterscheidet sich mithin von lediglich *populären* Methoden der Kommunikation, die auch pro-demokratische Kräfte nutzen können und sollten, vor allem in den Sozialen Medien. Vgl. zum Populismusbegriff bereits fünftes Kapitel und dort Johannes Hillje, Propaganda 4.0: Wie rechte Populisten unsere Demokratie angreifen, Dietz, 2021, S. 29 ff. unter Berufung auf den niederländischen Politologen und Populismusexperten Cas Mudde.

81 Wobei uns jede Menge wissenschaftliche Empirie beipflichtet, vgl. die zahlreichen Studien, die der Demokratie nachweisen, die für Wirtschaftswachstum und Menschenrechte zuträglichste Staatsform zu sein, etwa die Arbeiten der Wirtschaftsnobelpreisträger von 2024, Daron Acemoğlu, Simon Johnson und James Robinson, www.zeit.de/wirtschaft/2024-10/wirtschaftsnobelpreis-geht-an-us-wohlstandsforscher, die in historischen Vergleichsstudien nachgewiesen haben, dass demokratische, inklusive Institutionen entscheidend für den Wohlstand von Nationen sind. Siehe auch das Buch von Daron Acemoğlu und James Robinson, Warum Nationen scheitern, S. Fischer, 2013; vgl. die Rezension unter www.perlentaucher.de/buch/daron-acemoglu-james-a-robinson/warum-nationen-scheitern.html. Vgl. bereits erstes Kapitel.